Denis Diderot

Le Rêve de d'Alembert

Dossier et notes réalisés par
Seloua Luste Boulbina

Lecture d'image par
Christine Cadot

folioplus
philosophie

Seloua Luste Boulbina, agrégée de philosophie et docteur en sciences politiques, est professeur de philosophie à Paris. Elle collabore aux revues *Sens Public*, en France, et *Aisthe*, au Brésil. Elle a publié *Grands Travaux à Paris (1981-1995)*, La Dispute, 2007 ; *Le Singe de Kafka et autres propos sur la colonie*, Parangon, 2008. Elle travaille régulièrement avec des artistes et a préfacé dernièrement deux livres de photographies : Richard Kalvar, *Terriens*, Flammarion, 2007 et Marc Riboud, *Sous les pavés...*, La Dispute, 2008.

Christine Cadot (née en 1974) est maître de conférences en science politique à l'université Paris-VIII, après avoir été chercheuse au Centre d'études européennes de Harvard. Ses recherches s'orientent vers la relation entre art et politique.

Sommaire

Sommaire

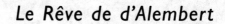

Le Rêve de d'Alembert

Le Rêve de d'Alembert

Interlocuteurs

D'ALEMBERT, Mlle DE L'ESPINASSE,
LE MÉDECIN BORDEU [1]

BORDEU : Eh bien ! qu'est-ce qu'il y a de nouveau ? Est-ce qu'il est malade ?

Mlle DE L'ESPINASSE : Je le crains ; il a eu la nuit la plus agitée.

BORDEU : Est-il éveillé ?

Mlle DE L'ESPINASSE : Pas encore.

---

1. Jean Le Rond d'Alembert (1717-1783) est mathématicien et philosophe. Il se fait connaître par son *Traité de dynamique* (1743). Il entreprend, avec Diderot, le grand œuvre de l'*Encyclopédie*. Découragé par la répression, il abandonne l'entreprise en 1759 et publie un *Essai sur les éléments de philosophie* la même année. Se savoir transformé en rêveur dans le texte de son ami le laissa fort mécontent. Julie de L'Espinasse (1732-1776) est une jeune fille très brillante, l'enfant naturelle du comte Gaspard de Vichy et de la comtesse d'Albon, qui tint, à partir de 1764, un salon réputé par l'allant de la conversation. Elle apprécia peu de se voir attribuer, fût-ce imaginairement, des pensées qui étaient celles de Diderot. Heureusement, le *Rêve* parut bien après la disparition des pseudo-protagonistes. Théophile de Bordeu (1722-1776), médecin, représentait le courant vitaliste de la faculté de médecine de Montpellier et fit des recherches sur le pouls, le tissu muqueux, les glandes. Le premier geste qu'il accomplit dans le *Rêve* est précisément de tâter le pouls de d'Alembert.

BORDEU, *après s'être approché du lit de d'Alembert, et lui avoir tâté le pouls et la peau* : Ce ne sera rien.

Mlle DE L'ESPINASSE : Vous croyez?

BORDEU : J'en réponds. Le pouls est bon... un peu faible... la peau moite... la respiration facile.

Mlle DE L'ESPINASSE : N'y a-t-il rien à lui faire?

BORDEU : Rien.

Mlle DE L'ESPINASSE : Tant mieux, car il déteste les remèdes.

BORDEU : Et moi aussi. Qu'a-t-il mangé à souper?

Mlle DE L'ESPINASSE : Il n'a rien voulu prendre. Je ne sais où il avait passé la soirée, mais il est revenu soucieux.

BORDEU : C'est un petit mouvement fébrile qui n'aura point de suite.

Mlle DE L'ESPINASSE : En rentrant, il a pris sa robe de chambre, son bonnet de nuit, et s'est jeté dans son fauteuil où il s'est assoupi.

BORDEU : Le sommeil est bon partout. Mais il eût été mieux dans son lit.

Mlle DE L'ESPINASSE : Il s'est fâché contre Antoine qui le lui disait; et il a fallu le tirailler une demi-heure pour le faire coucher.

BORDEU : C'est ce qui m'arrive tous les jours, quoique je me porte bien.

Mlle DE L'ESPINASSE : Quand il a été couché, au lieu de reposer comme à son ordinaire, car il dort comme un enfant, il s'est mis à se tourner, à se retourner, à tirer ses bras, à écarter ses couvertures et à parler haut.

BORDEU : Et qu'est-ce qu'il disait? de la géométrie?

Mlle DE L'ESPINASSE : Non... Cela avait tout l'air du délire. C'était en commençant un galimatias de cordes vibrantes et de fibres sensibles. Cela m'a paru si fou que, résolue de ne le pas quitter de la nuit et ne sachant que faire, j'ai approché une petite table du pied de son lit, et je me suis mise à écrire tout ce que j'ai pu attraper de sa rêvasserie.

BORDEU : Bon tour de tête qui est bien de vous; et peut-on voir cela?

Mlle DE L'ESPINASSE : Sans difficulté. Mais je veux mourir, si vous y comprenez quelque chose.

BORDEU : Peut-être.

Mlle DE L'ESPINASSE : Docteur, êtes-vous prêt?

BORDEU : Oui.

Mlle DE L'ESPINASSE : Écoutez... Un point vivant... Non, je me trompe. Rien d'abord, puis un point vivant... À ce point vivant, il s'en applique un autre, encore un autre; et par ces applications successives il résulte un être un, car je suis bien un, je n'en saurais douter... (en disant cela, il se tâtait partout)... Mais comment cette unité s'est-elle faite?... (Eh! mon ami, lui ai-je dit, qu'est-ce que cela vous fait? Dormez... Il s'est tu. Après un moment de silence, il a repris comme s'il s'adressait à quelqu'un)... Tenez, philosophe, je vois bien un agrégat, un tissu de petits êtres sensibles, mais un animal?... un tout?... un système un, lui, ayant la conscience de son unité? je ne le vois pas, non, je ne le vois pas... (Docteur, y entendez-vous quelque chose?)

BORDEU : À merveille.

Mlle DE L'ESPINASSE : Vous êtes bien heureux... Ma difficulté vient peut-être d'une fausse idée.

BORDEU : Est-ce vous qui parlez?

Mlle DE L'ESPINASSE : Non. C'est le rêveur.

BORDEU : Continuez.

Mlle DE L'ESPINASSE : Je continue. Il a ajouté, en s'apostrophant lui-même : ... Mon ami, d'Alembert, prenez-y garde; vous ne supposez que de la contiguïté où il y a continuité... Oui... il est assez malin pour me dire cela... Et la formation de cette continuité?... elle ne l'embarrassera guère... Comme une goutte de mercure se fond dans une autre goutte de mercure, une molécule sensible et vivante se fond dans une molécule sensible et vivante... D'abord, il y avait deux gouttes; après le contact, il n'y en a plus qu'une...

Avant l'assimilation il y avait deux molécules; après l'assimilation, il n'y en a plus qu'une... La sensibilité devient commune à la masse commune... En effet, pourquoi non?... Je distinguerai par la pensée sur la longueur de la fibre animale tant de parties qu'il me plaira; mais la fibre sera continue, une... oui, une... Le contact de deux molécules homogènes, parfaitement homogènes forme la continuité... et c'est le cas de l'union, de la cohésion, de la combinaison, de l'identité, la plus complète qu'on puisse imaginer... Oui, philosophe, si ces molécules sont élémentaires et simples; mais si ce sont des agrégats; si ce sont des composés... La combinaison ne s'en fera pas moins, et en conséquence l'identité, la continuité... et puis l'action et la réaction habituelles... Il est certain que le contact de deux molécules vivantes est tout autre chose que la contiguïté de deux masses inertes... Passons, passons... on pourrait peut-être vous chicaner; mais je ne m'en soucie pas. Je n'épilogue jamais... Cependant reprenons... Un fil d'or très pur. Je m'en souviens; c'est une comparaison qu'il m'a faite. Un réseau homogène, entre les molécules duquel d'autres s'interposent et forment peut-être un autre réseau homogène, un tissu de matière sensible, un contact qui assimile [1], de la sensibilité, active ici, inerte là, qui se communique comme le mouvement; sans compter, comme il l'a très bien dit, qu'il doit y avoir de la différence entre le contact de deux molécules sensibles, et le contact de deux molécules qui ne le seraient pas; et cette différence? quelle peut-elle être?... une action, une réaction habituelles... et cette action et cette réaction avec un caractère particulier... tout concourt donc à produire une sorte d'unité qui n'existe que dans l'animal... Ma foi, si cela n'est pas de la vérité, cela y ressemble fort... (Vous riez, Docteur; est-ce que vous trouvez du sens à cela?)

BORDEU : Beaucoup.

---

1. Rend semblable.

Mlle DE L'ESPINASSE : Il n'est donc pas fou ?

BORDEU : Nullement.

Mlle DE L'ESPINASSE : Après ce préambule, il s'est mis à crier : Mademoiselle de L'Espinasse ! Mademoiselle de L'Espinasse ! — Que voulez-vous ? — Avez-vous quelquefois vu un essaim d'abeilles [1] s'échapper de leur ruche ?... Le monde ou la masse générale de la matière est la ruche... Les avez-vous vues s'en aller former à l'extrémité de la branche d'un arbre, une longue grappe de petits animaux ailés, tous accrochés les uns aux autres par les pattes ?... Cette grappe est un être, un individu, un animal quelconque... Mais ces grappes devraient se ressembler toutes... Oui, s'il n'admettait qu'une seule matière homogène... Les avez-vous vues ? — Oui, je les ai vues. — Vous les avez vues ? — Oui, mon ami ; je vous dis qu'oui. — Si l'une de ces abeilles s'avise de pincer d'une façon quelconque, l'abeille à laquelle elle s'est accrochée, que croyez-vous qu'il en arrive ? Dites donc ! — Je n'en sais rien. — Dites toujours... Vous l'ignorez donc, mais le philosophe ne l'ignore pas, lui. Si vous le voyez jamais [2], et vous le verrez ou vous ne le verrez pas, car il me l'a promis, il vous dira que celle-ci pincera la suivante ; qu'il s'excitera dans toute la grappe autant de sensations qu'il y a de petits animaux ; que le tout s'agitera, se remuera, changera de situation et de forme ; qu'il s'élèvera du bruit, de petits cris ; et que celui qui n'aurait jamais vu une pareille grappe s'arranger, serait tenté de la prendre pour un animal à cinq ou six cents têtes, et à mille ou douze cents ailes... (Eh bien, Docteur ?)

---

1. La comparaison de l'animal à l'essaim d'abeilles n'est pas inédite. Elle a été faite par Bordeu, en 1751, dans ses *Recherches anatomiques sur la position des glandes et sur leur action* et par le mathématicien Maupertuis (1698-1759), la même année, dans sa *Dissertation d'Erlangen*.

2. Diderot se moque de lui-même car il ne se rendait pas toujours aux rendez-vous qu'il fixait...

BORDEU : Eh bien, savez-vous que ce rêve est fort beau, et que vous avez bien fait de l'écrire.

Mlle DE L'ESPINASSE : Rêvez-vous aussi ?

BORDEU : Si peu que je m'engagerais presque à vous dire la suite.

Mlle DE L'ESPINASSE : Je vous en défie.

BORDEU : Vous m'en défiez ?

Mlle DE L'ESPINASSE : Oui.

BORDEU : Et si je rencontre[1] ?

Mlle DE L'ESPINASSE : Si vous rencontrez, je vous promets... Je vous promets de vous tenir pour le plus grand fou qu'il y ait au monde.

BORDEU : Regardez sur votre papier et écoutez-moi. L'homme qui prendrait cette grappe pour un animal se tromperait ; mais, Mademoiselle, je présume qu'il a continué de vous adresser la parole, voulez-vous qu'il juge plus sainement ? voulez-vous transformer la grappe d'abeilles en un seul et unique animal ? Amollissez les pattes par lesquelles elles se tiennent ; de contiguës qu'elles étaient, rendez-les continues. Entre ce nouvel état de la grappe et le précédent, il y a certainement une différence marquée ; et quelle peut être cette différence, sinon qu'à présent c'est un tout, un animal, un, et qu'auparavant, ce n'était qu'un assemblage d'animaux... Tous nos organes...

Mlle DE L'ESPINASSE : Tous nos organes !

BORDEU : Pour celui qui a exercé la médecine et fait quelques observations...

Mlle DE L'ESPINASSE : Après.

BORDEU : Après ? Ce ne sont que des animaux distincts que la loi de continuité tient dans une sympathie, une unité, une identité générale.

Mlle DE L'ESPINASSE : J'en suis confondue. C'est cela, et presque mot pour mot. Je puis donc assurer à présent à

---

1. Rencontrer signifie réussir, avoir du succès dans ses conjectures.

toute la terre qu'il n'y a aucune différence entre un médecin qui veille et un philosophe qui rêve.

BORDEU : On s'en doutait. Est-ce là tout ?

Mlle DE L'ESPINASSE : Oh que non. Vous n'y êtes pas. Après
votre radotage ou le sien, il m'a dit : Mademoiselle ? — Mon
ami. — Approchez-vous... encore... encore... J'aurais une
chose à vous proposer. — Qu'est-ce ?... — Tenez cette
grappe, la voilà, vous la voyez bien ? Là, là. Faisons une expérience. — Quelle ? — Prenez vos ciseaux. Coupent-ils
bien ? — À ravir. — Approchez doucement, tout doucement, et séparez-moi ces abeilles. Mais prenez garde de les
diviser par la moitié du corps. Coupez juste à l'endroit où
elles se sont assimilées par les pattes. Ne craignez rien, vous
les blesserez un peu, mais vous ne les tuerez pas... Fort bien ;
vous êtes adroite comme une fée... Voyez-vous comme elles
s'envolent, chacune de son côté ? elles s'envolent, une à une,
deux à deux, trois à trois ; combien il y en a... Si vous m'avez
bien compris, vous m'avez bien compris ?... Fort bien... Supposez maintenant... supposez... (Ma foi, Docteur, j'entendais
si peu ce que j'écrivais, il parlait si bas, cet endroit de mon
papier est si barbouillé que je ne le saurais lire.)

BORDEU : J'y suppléerai, si vous voulez.

Mlle DE L'ESPINASSE : Si vous pouvez.

BORDEU : Rien de plus facile. Supposez ces abeilles si
petites, si petites que leur organisation échappât toujours
au tranchant grossier de votre ciseau ; vous pousserez la
division si loin qu'il vous plaira, sans en faire mourir aucune ;
et ce tout formé d'abeilles imperceptibles sera un véritable
polype [1] que vous ne détruirez qu'en l'écrasant. La différence
de la grappe d'abeilles continues et de la grappe d'abeilles

---

1. Le polype d'eau douce est un animal minuscule, de quelques
millimètres, dont les propriétés ont fasciné les savants de l'époque :
coupé en deux, il se divise en deux animaux distincts. Et le nouvel
être, dans la reproduction, croît comme une jeune pousse végétale.

contiguës est précisément celle des animaux ordinaires, tels que nous, les poissons, et des vers, des serpents et des animaux polypeux ; encore toute cette théorie souffre-t-elle quelques modifications. *Ici Mlle de L'Espinasse se lève brusquement et va tirer le cordon de la sonnette.* Doucement, doucement, Mademoiselle ; vous l'éveillerez, et il a besoin de repos.

Mlle DE L'ESPINASSE : Je n'y pensais pas, tant je suis étourdie. *Au domestique qui entre :* Qui de vous a été chez le docteur ?

LE DOMESTIQUE : C'est moi, Mademoiselle.

Mlle DE L'ESPINASSE : Y a-t-il longtemps ?

LE DOMESTIQUE : Il n'y a pas une heure que j'en suis revenu.

Mlle DE L'ESPINASSE : N'y avez-vous rien porté ?

LE DOMESTIQUE : Rien.

Mlle DE L'ESPINASSE : Point de papier ?

LE DOMESTIQUE : Aucun.

Mlle DE L'ESPINASSE : Voilà qui est bien, allez... Je n'en reviens pas. Tenez, Docteur, j'ai soupçonné quelqu'un d'eux de vous avoir communiqué mon griffonnage.

BORDEU : Je vous assure qu'il n'en est rien.

Mlle DE L'ESPINASSE : À présent que je connais votre talent, vous me serez d'un grand secours dans la société. Sa rêvasserie n'en est pas demeurée là.

BORDEU : Tant mieux.

Mlle DE L'ESPINASSE : Vous n'y voyez donc rien de fâcheux ?

BORDEU : Pas la moindre chose.

Mlle DE L'ESPINASSE : Il a continué... Eh bien, philosophe, vous concevez donc des polypes de toute espèce, même des polypes humains ?... Mais la nature ne nous en offre point.

BORDEU : Il n'avait pas connaissance de ces deux filles qui se tenaient par la tête, les épaules, le dos, les fesses et les cuisses, qui ont vécu ainsi accolées jusqu'à l'âge de vingt-deux ans et qui sont mortes à quelques minutes l'une de l'autre. Ensuite, il a dit...

Mlle DE L'ESPINASSE : Des folies qui ne s'entendent qu'aux Petites-Maisons ; il a dit : Cela est passé ou cela viendra ; et puis qui sait l'état des choses dans les autres planètes ?

BORDEU : Peut-être ne faut-il pas aller si loin.

Mlle DE L'ESPINASSE : Dans Jupiter ou dans Saturne, des polypes humains ! Les mâles se résolvant en mâles, les femelles en femelles ; cela est plaisant... (Là il s'est mis à faire des éclats de rire à m'effrayer.)... L'homme se résolvant en une infinité d'hommes atomiques qu'on renferme entre des feuilles de papier comme des œufs d'insectes qui filent leurs coques, qui restent un certain temps en chrysalides, qui percent leurs coques et qui s'échappent en papillons, une société d'hommes formée, une province entière peuplée des débris d'un seul ; cela est tout à fait agréable à imaginer... (et puis les éclats de rire ont repris)... Si l'homme se résout quelque part en une infinité d'hommes animalcules [1], on y doit avoir moins de répugnance à mourir ; on y répare si facilement la perte d'un homme qu'elle y doit causer peu de regret.

BORDEU : Cette extravagante supposition est presque l'histoire réelle de toutes les espèces d'animaux subsistants et à venir. Si l'homme ne se résout pas en une infinité d'hommes, il se résout du moins en une infinité d'animal-

---

1. Hartsoeker (1656-1725) et Leuwenhoek (1632-1723) ont été les premiers à découvrir, aux Pays-Bas, l'existence de ces animaux visibles au microscope dans les semences d'animaux et dans certaines infusions de grains et de plantes. S'affrontent alors les spermatistes, qui affirment que l'homoncule (ou individu miniature) est contenu dans le spermatozoïde, et les ovistes, qui soutiennent que l'homoncule est préformé dans l'œuf. Il faut attendre Buffon pour que soit défendue la thèse selon laquelle les corps contenus dans le sperme ne sont pas des animaux, même minuscules, mais des molécules vivantes qu'on trouve aussi dans les humeurs féminines.

cules dont il est impossible de prévoir les métamorphoses et l'organisation future et dernière. Qui sait si ce n'est pas la pépinière d'une seconde génération d'êtres séparée de celle-ci par un intervalle incompréhensible de siècles et de développements successifs ?

Mlle DE L'ESPINASSE : Que marmottez-vous là tout bas, Docteur ?

BORDEU : Rien, rien. Je rêvais de mon côté. Mademoiselle, continuez de lire.

Mlle DE L'ESPINASSE : Tout bien considéré, pourtant, j'aime mieux notre façon de repeupler, a-t-il ajouté... Philosophe, vous qui savez ce qui se passe là ou ailleurs, dites-moi, la dissolution de différentes parties n'y donne-t-elle pas des hommes de différents caractères ? La cervelle, le cœur, la poitrine, les pieds, les mains, les testicules... Oh, comme cela simplifie la morale... Un homme né... une femme provenue... Docteur, vous me permettrez de passer ceci... Une chambre chaude tapissée de petits cornets, et sur chacun de ces cornets une étiquette, guerriers, magistrats, philosophes, poètes, cornet de courtisans, cornet de catins, cornet de rois [1].

BORDEU : Cela est bien gai et bien fou. Voilà ce qui s'appelle rêver, et une vision qui me ramène à quelques phénomènes assez singuliers...

Mlle DE L'ESPINASSE : Ensuite il s'est mis à marmotter je ne sais quoi de graines, de lambeaux de chair mis en macération dans de l'eau, de différentes races d'animaux successifs qu'il voyait naître et passer. Il avait imité avec sa main droite le tube d'un microscope, et avec sa gauche, je crois, l'orifice d'un vase ; il regardait dans le vase par ce tube ; et il disait : Voltaire en plaisantera tant qu'il voudra, mais

---

1. Un individu provenant d'un cornet de molécules de testicules deviendrait libertin, un danseur s'il s'agit de molécules de pied...

l'Anguillard[1] a raison. J'en crois mes yeux. Je les vois. Combien il y en a! Comme ils vont! Comme ils viennent! Comme ils frétillent! Le vase où il apercevait tant de générations momentanées, il le comparait à l'univers. Il voyait dans une goutte d'eau l'histoire du monde. Cette idée lui paraissait grande. Il la trouvait tout à fait conforme à la bonne philosophie qui étudie les grands corps dans les petits. Il disait : Dans la goutte d'eau de Needham tout s'exécute et se passe en un clin d'œil. Dans le monde, le même phénomène dure un peu davantage; mais qu'est-ce que notre durée en comparaison de l'éternité des temps? moins que la goutte que j'ai prise avec la pointe d'une aiguille en comparaison de l'espace illimité qui m'environne. Suite indéfinie d'animalcules dans l'atome qui fermente. Même suite indéfinie d'animalcules dans l'autre atome qu'on appelle la Terre. Qui sait les races d'animaux qui nous ont précédés? qui sait les races d'animaux qui succéderont aux nôtres? Tout change. Tout passe. Il n'y a que le Tout qui reste. Le monde commence et finit sans cesse. Il est à chaque instant à son commencement et à sa fin. Il n'en a jamais eu d'autre et n'en aura jamais d'autre... Dans cet immense océan de matière, pas une molécule qui ressemble à une molécule; pas une molécule qui se ressemble à elle-même un instant. *Rerum novus nascitur ordo*[2], voilà son inscription éternelle. Puis il ajoutait en soupirant : Ô vanité de nos pensées! ô pauvreté de la gloire et de nos travaux! ô misère, ô petitesse de nos vues! Il n'y a rien de solide, que de boire, manger, vivre, aimer et dormir... Mademoiselle de

---

1. Needham (1713-1781) travaille avec Buffon sur les animalcules, c'est-à-dire sur la génération. Son ouvrage principal, *Nouvelles Observations microscopiques*, lui vaut de la part de Voltaire le surnom d'«Anguillard», le désignant comme un observateur microscopique des anguilles, des polypes et autres animalcules.

2. «Un nouvel ordre de choses naît» : c'est une reprise, et non une citation exacte, des *Bucoliques* de Virgile (70-19 av. J.-C.).

L'Espinasse! où êtes-vous? — Me voilà. — Alors son visage s'est coloré. J'ai voulu lui tâter le pouls; mais je ne sais où il avait caché sa main. Il paraissait éprouver une convulsion. Sa bouche s'était entrouverte. Son haleine était pressée. Il a poussé un profond soupir; et puis un soupir plus faible et plus profond encore. Il a retourné sa tête sur son oreiller et s'est endormi. Je le regardais avec attention, et j'étais tout émue sans savoir pourquoi. Le cœur me battait, et ce n'était pas de peur. Au bout de quelques moments, j'ai vu un léger sourire errer sur ses lèvres. Il disait tout bas : ... Dans une planète où les hommes se multiplieraient à la manière des poissons, où le frai d'un homme pressé sur le frai d'une femme... J'y aurais moins de regret. Il ne faut rien perdre de ce qui peut avoir son utilité. Mademoiselle, si cela pouvait se recueillir, être enfermé dans un flacon et envoyé de grand matin à Needham... (Docteur, et vous n'appelez pas cela de la déraison?)

BORDEU : Auprès de vous, assurément.

Mlle DE L'ESPINASSE : Auprès de moi, loin de moi, c'est tout un, et vous ne savez ce que vous dites. J'avais espéré que le reste de la nuit serait tranquille.

BORDEU : Cela produit ordinairement cet effet.

Mlle DE L'ESPINASSE : Point du tout; sur les deux heures du matin il en est revenu à sa goutte d'eau, qu'il appelait un mi... cro...

BORDEU : Un microcosme.

Mlle DE L'ESPINASSE : C'est son mot. Il admirait la sagacité des anciens philosophes. Il disait ou faisait dire à son philosophe, je ne sais lequel des deux : Si lorsque Épicure [1] assurait que la terre contenait les germes de tout, et que

---

1. Le philosophe atomiste (341-270 av. J.-C.) est connu, au XVIIIᵉ siècle, à travers son lointain disciple, Lucrèce (98-55 av. J.-C.). Dans son *De natura rerum* (*De la nature*), Lucrèce développe l'idée d'une fermentation terrestre.

l'espèce animale était le produit de la fermentation, il avait
proposé de montrer une image en petit, de ce qui s'était
fait en grand à l'origine des temps, que lui aurait-on
répondu ?... Et vous l'avez sous vos yeux cette image, et elle
ne vous apprend rien... Qui sait si la fermentation, et ses
produits sont épuisés ? Qui sait à quel instant de la succession de ces générations animales nous en sommes ? Qui sait
si ce bipède déformé qui n'a que quatre pieds de hauteur,
qu'on appelle encore, dans le voisinage du pôle, un homme [1],
et qui ne tarderait pas à perdre ce nom, en se déformant
un peu davantage, n'est pas l'image d'une espèce qui passe ?
Qui sait s'il n'en est pas ainsi de toutes les espèces d'animaux ? Qui sait si tout ne tend pas à se réduire à un grand
sédiment inerte et immobile ? Qui sait quelle sera la durée
de cette inertie ? Qui sait quelle race nouvelle peut résulter derechef d'un amas aussi grand de points sensibles et
vivants ? Pourquoi pas un seul animal ? Qu'était l'éléphant
dans son origine ? Peut-être l'animal énorme, tel qu'il nous
paraît ; peut-être un atome, car tous les deux sont également possibles ; ils ne supposent que le mouvement et les
propriétés diverses de la matière... L'éléphant, cette masse
énorme, organisée, le produit subit de la fermentation ?
Pourquoi non ? Le rapport de ce grand quadrupède à sa
matrice première est moindre que celui du vermisseau à la
molécule de farine qui l'a produit... Mais le vermisseau n'est
qu'un vermisseau... C'est-à-dire que la petitesse qui vous
dérobe son organisation, lui ôte son merveilleux... Le prodige, c'est la vie ; c'est la sensibilité ; et ce prodige n'en est
plus un... Lorsque j'ai vu la matière inerte passer à l'état sen-

---

1. À consulter l'article « Laponie » écrit par Jaucourt pour l'*Encyclopédie*, on découvre que, selon lui, « la Laponie produit des hommes
de trois coudées de haut, pâles, basanés, avec des cheveux courts, durs
et noirs ». En 1736-1737, Maupertuis avait dirigé en Laponie l'expédition chargée d'observer si le pôle était « aplati » ou « allongé ».

sible, rien ne doit plus m'étonner... Quelle comparaison d'un petit nombre d'éléments mis en fermentation dans le creux de ma main, et de ce réservoir immense d'éléments divers, épars dans les entrailles de la terre, à sa surface, au sein des mers, dans le vague des airs... Cependant puisque les mêmes causes subsistent, pourquoi les effets ont-ils cessé ? Pourquoi ne voyons-nous plus le taureau percer la terre de sa corne, appuyer ses pieds contre le sol, et faire effort pour en dégager son corps pesant ?... Laissez passer la race présente des animaux subsistants. Laissez agir le grand sédiment inerte quelques millions de siècles. Peut-être faut-il pour renouveler les espèces dix fois plus de temps qu'il n'en est accordé à leur durée. Attendez, et ne vous hâtez pas de prononcer sur le grand travail de nature. Vous avez deux grands phénomènes, le passage de l'état d'inertie à l'état de sensibilité, et les générations spontanées ; qu'ils vous suffisent. Tirez-en de justes conséquences ; et dans un ordre de choses où il n'y a ni grand ni petit, ni durable ni passager, absolus, garantissez-vous du sophisme de l'éphémère... (Docteur, qu'est-ce que c'est que le sophisme de l'éphémère ?)

BORDEU : C'est celui d'un être passager qui croit à l'immutabilité des choses.

Mlle DE L'ESPINASSE : La rose de Fontenelle qui disait que de mémoire de rose on n'avait vu mourir un jardinier[1].

BORDEU : Précisément. Cela est léger et profond.

Mlle DE L'ESPINASSE : Pourquoi vos philosophes ne s'expriment-ils pas avec la grâce de celui-ci ? nous les entendrions.

BORDEU : Franchement, je ne sais si ce ton frivole convient aux sujets graves.

---

1. Fontenelle (1657-1757) fut l'auteur remarqué d'un ouvrage de vulgarisation scientifique, les *Entretiens sur la pluralité des mondes* (1688). Si les roses, imagine-t-il, se transmettaient leurs histoires, elles croiraient voir le même jardinier dans la succession de plus de quinze mille âges de roses.

Mlle DE L'ESPINASSE : Qu'appelez-vous un sujet grave ?

BORDEU : Mais la sensibilité générale, la formation de l'être sentant, son unité, l'origine des animaux, leur durée, et toutes les questions auxquelles cela tient.

Mlle DE L'ESPINASSE : Moi, j'appelle cela des folies auxquelles je permets de rêver, quand on dort, mais dont un homme de bon sens qui veille ne s'occupera jamais.

BORDEU : Et pourquoi cela, s'il vous plaît ?

Mlle DE L'ESPINASSE : C'est que les unes sont si claires qu'il est inutile d'en chercher la raison, d'autres si obscures qu'on n'y voit goutte, et toutes de la plus parfaite inutilité.

BORDEU : Croyez-vous, Mademoiselle, qu'il soit indifférent de nier ou d'admettre une intelligence suprême ?

Mlle DE L'ESPINASSE : Non.

BORDEU : Croyez-vous qu'on puisse prendre parti sur l'intelligence suprême, sans savoir à quoi s'en tenir sur l'éternité de la matière et ses propriétés, la distinction des deux substances, la nature de l'homme, et la production des animaux ?

Mlle DE L'ESPINASSE : Non.

BORDEU : Ces questions ne sont donc pas aussi oiseuses que vous les disiez.

Mlle DE L'ESPINASSE : Mais que me fait à moi leur importance, si je ne saurais les éclaircir ?

BORDEU : Et comment le saurez-vous, si vous ne les examinez point ? Mais pourrais-je vous demander celles que vous trouvez si claires que l'examen vous en paraît superflu ?

Mlle DE L'ESPINASSE : Celles de mon unité, de mon moi, par exemple. Pardi, il me semble qu'il ne faut pas tant verbiager pour savoir que je suis moi, que j'ai toujours été moi, et que je ne serai jamais une autre.

BORDEU : Sans doute le fait est clair, mais la raison du fait ne l'est aucunement ; surtout dans l'hypothèse de ceux qui n'admettent qu'une substance et qui explique la formation de l'homme ou de l'animal en général par l'apposition successive de plusieurs molécules sensibles. Chaque molécule sensible avait son moi avant l'application ; mais comment l'a-t-elle perdu, et comment de toutes ces pertes en est-il résulté la conscience d'un tout ?

Mlle DE L'ESPINASSE : Il me semble que le contact seul suffit. Voici une expérience que j'ai faite cent fois... mais attendez... il faut que j'aille voir ce qui se passe entre ces rideaux... il dort... Lorsque je pose ma main sur ma cuisse, je sens bien d'abord que ma main n'est pas ma cuisse ; mais quelque temps après, lorsque la chaleur est égale dans l'une et l'autre, je ne les distingue plus. Les limites des deux parties se confondent, et n'en font plus qu'une.

BORDEU : Oui, jusqu'à ce qu'on vous pique l'une ou l'autre. Alors la distinction renaît. Il y a donc en vous quelque chose qui n'ignore pas si c'est votre main ou votre cuisse qu'on a piquée ; et ce quelque chose-là, ce n'est pas votre pied ; ce n'est pas même votre main piquée ; c'est elle qui souffre, mais c'est autre chose qui le sait, et qui ne souffre pas.

Mlle DE L'ESPINASSE : Mais je crois que c'est ma tête.

BORDEU : Toute votre tête ?

Mlle DE L'ESPINASSE : Non ; mais tenez, Docteur, je vais m'expliquer par une comparaison. Les comparaisons sont presque toute la raison des femmes et des poètes. Imaginez une araignée...

D'ALEMBERT : Qui est-ce qui est là ?... Est-ce vous, Mademoiselle de L'Espinasse ?...

Mlle DE L'ESPINASSE : Paix, paix... *Mlle de L'Espinasse et le docteur gardent le silence, pendant quelque temps ; ensuite Mlle de L'Espinasse dit à voix basse :* Je le crois rendormi.

BORDEU : Non. Il me semble que j'entends quelque chose.

Mlle DE L'ESPINASSE : Vous avez raison. Est-ce qu'il reprendrait son rêve ?

BORDEU : Écoutons.

D'ALEMBERT : Pourquoi suis-je tel ? c'est qu'il a fallu que je fusse tel... Ici, oui. Mais ailleurs ? au pôle ? mais sous la ligne [1] ? mais dans Saturne ?... Si une distance de quelques mille lieues change mon espèce, que ne fera point l'intervalle de quelques milliers de diamètres terrestres ?... Et si tout est en flux général, comme le spectacle de l'univers me le montre partout, que ne produiront point ici et ailleurs la durée et les vicissitudes de quelques millions de siècles ?... Qui sait ce qu'est l'être pensant et sentant en Saturne ?... mais y a-t-il en Saturne du sentiment et de la pensée ?... pourquoi non ?... L'être sentant et pensant en Saturne aurait-il plus de sens que je n'en ai ?... Si cela est, ah ! qu'il est malheureux le Saturnien !... Plus de sens, plus de besoins.

BORDEU : Il a raison. Les organes produisent les besoins, et réciproquement les besoins produisent les organes.

Mlle DE L'ESPINASSE : Docteur, délirez-vous aussi ?

BORDEU : Pourquoi non ? J'ai vu deux moignons devenir à la longue deux bras.

Mlle DE L'ESPINASSE : Vous mentez.

BORDEU : Il est vrai ; mais au défaut de deux bras qui manquaient, j'ai vu deux omoplates s'allonger, se mouvoir en pince, et devenir deux moignons.

Mlle DE L'ESPINASSE : Quelle folie !

BORDEU : C'est un fait. Supposez une longue suite de générations manchotes, supposez des efforts continus, et vous verrez les deux côtés de cette pincette s'étendre, s'étendre de plus en plus, se croiser sur le dos, revenir par-devant, peut-être se digiter [2] à leurs extrémités, et refaire des bras et des mains. La conformation originelle s'altère ou se perfectionne par la nécessité et les fonctions habituelles. Nous marchons si peu, nous travaillons si peu, et nous pensons tant que je ne désespère pas que l'homme ne finisse par n'être qu'une tête.

---

1. Il s'agit de l'Équateur.
2. Se digiter : prendre la forme de doigts.

Mlle DE L'ESPINASSE : Une tête ! une tête, c'est bien peu de chose ; j'espère que la galanterie effrénée... Vous me faites venir des idées bien ridicules.

BORDEU : Paix.

D'ALEMBERT : Je suis donc tel, parce qu'il a fallu que je fusse tel. Changez le tout, vous me changez nécessairement ; mais le tout change sans cesse... L'homme n'est qu'un effet commun, le monstre qu'un effet rare ; tous les deux également naturels, également nécessaires ; également dans l'ordre universel et général... Et qu'est-ce qu'il y a d'étonnant à cela ?... tous les êtres circulent les uns dans les autres, par conséquent toutes les espèces... tout est en un flux perpétuel... tout animal est plus ou moins homme ; tout minéral est plus ou moins plante ; toute plante est plus ou moins animal. Il n'y a rien de précis en nature... Le ruban du Père Castel [1]... Oui, Père Castel, c'est votre ruban et ce n'est que cela. Toute chose est plus ou moins une chose quelconque, plus ou moins terre, plus ou moins eau, plus ou moins air, plus ou moins feu ; plus ou moins d'un règne ou d'un autre... Donc rien n'est de l'essence d'un être particulier... Non, sans doute, puisqu'il n'y a aucune qualité dont aucun être ne soit participant... Et que c'est le rapport plus ou moins grand de cette qualité qui nous la fait attribuer à un être exclusivement à un autre... Et vous parlez d'individus, pauvres philosophes ; laissez là vos individus ; répondez-moi. Y a-t-il un atome en nature rigoureusement semblable à un autre atome ?... Non... Ne convenez-vous pas que tout tient en nature et qu'il est impossible qu'il y ait un vide dans la chaîne ?... Que voulez-vous donc dire avec vos individus ?... Il n'y en a point. Non, il n'y en a point... Il n'y a qu'un seul

---

1. Le Père Castel (1688-1757) est un jésuite passionné d'optique qui inventa le clavecin oculaire. Un ruban coloré fait passer insensiblement du noir au blanc et représente pour Diderot la diversité de la nature, qui ne procède pas par sauts mais par transitions.

grand individu; c'est le tout. Dans ce tout, comme dans une machine, dans un animal quelconque, il y a une partie que vous appellerez telle ou telle; mais quand vous donnerez le nom d'individu à cette partie du tout, c'est par un concept aussi faux que si, dans un oiseau, vous donniez le nom d'individu à l'aile, à une plume de l'aile... Et vous parlez d'essences, pauvres philosophes; laissez là vos essences. Voyez la masse générale; ou si pour l'embrasser, vous avez l'imagination trop étroite, voyez votre première origine et votre fin dernière... Ô Archytas [1], vous qui avez mesuré le globe, qu'êtes-vous? un peu de cendre... Qu'est-ce qu'un être?... la somme d'un certain nombre de tendances [2]... Est-ce que je puis être autre chose qu'une tendance?... Non. Je vais à un terme... Et les espèces [3]?... Les espèces ne sont que des tendances à un terme commun qui leur est propre... Et la vie?... La vie? une suite d'actions et de réactions... Vivant, j'agis et je réagis en masse... mort, j'agis et je réagis en molécules... Je ne meurs donc point... Non, sans doute je ne meurs point en ce sens, ni moi ni quoi que ce soit... Naître, vivre et passer, c'est changer de formes... Et qu'importe une forme ou une autre? Chaque forme a le bonheur et le malheur qui lui est propre... Depuis l'éléphant jusqu'au puceron... depuis le puceron, jusqu'à la molécule sensible et vivante, l'origine de tout... pas un point dans la nature entière qui ne souffre ou qui ne jouisse.

Mlle DE L'ESPINASSE : Il ne dit plus rien.

---

1. Archytas de Tarente (430-360 av. J.-C.) est un mathématicien et philosophe pythagoricien.

2. La tendance est la traduction française du terme latin *conatus*, largement employé, au XVIIe siècle, par Hobbes et par Spinoza. On comprend le *conatus* comme l'effort pour persévérer dans son être.

3. Diderot fait ici référence à l'*Essai sur l'entendement humain* (1690) de John Locke (1632-1704) : « Il est nécessaire de renoncer à la notion commune des espèces et des essences, si nous voulons véritablement pénétrer dans la nature des choses mêmes. »

BORDEU : Non. Il a fait une assez belle excursion. Voilà de la philosophie bien haute ; systématique dans ce moment ; je crois que plus les connaissances de l'homme feront de progrès, plus elle se vérifiera.

Mlle DE L'ESPINASSE : Et nous, où en étions-nous ?

BORDEU : Ma foi, je ne m'en souviens plus. Il m'a rappelé tant de phénomènes, tandis que je l'écoutais !

Mlle DE L'ESPINASSE : Attendez, attendez... j'en étais à mon araignée.

BORDEU : Oui, oui.

Mlle DE L'ESPINASSE : Docteur, approchez-vous. Imaginez une araignée au centre de sa toile. Ébranlez un fil, et vous verrez l'animal alerte accourir. Eh bien, si les fils que l'insecte tire de ses intestins, et y rappelle, quand il lui plaît, faisaient partie sensible de lui-même ?...

BORDEU : Je vous entends. Vous imaginez en vous, quelque part, dans un recoin de votre tête, celui, par exemple, qu'on appelle les méninges, un ou plusieurs points où se rapportent toutes les sensations excitées sur la longueur des fils.

Mlle DE L'ESPINASSE : C'est cela.

BORDEU : Votre idée est on ne saurait plus juste ; mais ne voyez-vous pas que c'est à peu près la même qu'une certaine grappe d'abeilles ?

Mlle DE L'ESPINASSE : Ah, cela est vrai. J'ai fait de la prose sans m'en douter.

BORDEU : Et de la très bonne prose, comme vous allez voir. Celui qui ne connaît l'homme que sous la forme qu'il nous présente en naissant n'en a pas la moindre idée. Sa tête, ses pieds, ses mains, tous ses membres, tous ses viscères, tous ses organes, son nez, ses yeux, ses oreilles, son cœur, ses poumons, ses intestins, ses muscles, ses os, ses nerfs, ses membranes, ne sont à proprement parler que les développements grossiers d'un réseau qui se forme, s'accroît, s'étend, jette une multitude de fils imperceptibles.

Mlle DE L'ESPINASSE : Voilà ma toile. Et le point originaire de tous ces fils, c'est mon araignée[1].

BORDEU : À merveille.

Mlle DE L'ESPINASSE : Où sont les fils ? où est placée l'araignée ?

BORDEU : Les fils sont partout. Il n'y a pas un point à la surface de votre corps auquel ils n'aboutissent ; et l'araignée est nichée dans une partie de votre tête, que je vous ai nommée, les méninges, à laquelle on ne saurait presque toucher, sans frapper de torpeur toute la machine.

Mlle DE L'ESPINASSE : Mais si un atome fait osciller un des fils de la toile de l'araignée, alors elle prend l'alarme, elle s'inquiète, elle fuit ou elle accourt. Au centre, elle est instruite de tout ce qui se passe en quelque endroit que ce soit de l'appartement immense qu'elle a tapissé. Pourquoi est-ce que je ne sais pas ce qui se passe dans le mien, ou le monde, puisque je suis un peloton de points sensibles, que tout presse sur moi et que je presse sur tout ?

BORDEU : C'est que les impressions s'affaiblissent en raison de la distance d'où elles partent.

Mlle DE L'ESPINASSE : Si l'on frappe du coup le plus léger à l'extrémité d'une longue poutre, j'entends ce coup, si j'ai mon oreille placée à l'autre extrémité. Cette poutre toucherait d'un bout sur la terre et de l'autre bout dans Sirius, que le même effet serait produit. Pourquoi tout étant lié, contigu, c'est-à-dire la poutre existante et réelle, n'entends-je pas ce qui se passe dans l'espace immense qui m'environne, surtout si j'y prête l'oreille ?

BORDEU : Et qui est-ce qui vous a dit que vous ne l'en-

---

1. La Mettrie (1709-1751), dans *L'Homme-Machine* (1747), développe une conception à la fois matérialiste et mécaniste. Il fait du cerveau l'organe le plus important de l'homme et en parle comme d'une « espèce de toile médullaire ». Il compare également le cerveau aux cordes d'un violon ou d'un clavecin.

tendiez pas plus ou moins ? Mais il y a si loin, l'impression est si faible, si croisée sur la route ; vous êtes entourée et assourdie de bruits si violents et si divers. C'est qu'entre Saturne et vous, il n'y a que des corps contigus, au lieu qu'il y faudrait de la continuité.

Mlle DE L'ESPINASSE : C'est bien dommage.

BORDEU : Il est vrai, car vous seriez Dieu. Par votre identité avec tous les êtres de la nature, vous sauriez tout ce qui se fait. Par votre mémoire, vous sauriez tout ce qui s'y est fait.

Mlle DE L'ESPINASSE : Et ce qui s'y fera.

BORDEU : Vous formeriez sur l'avenir des conjectures vraisemblables, mais sujettes à erreur. C'est précisément comme si vous cherchiez à deviner ce qui va se passer audedans de vous à l'extrémité de votre pied, ou de votre main.

Mlle DE L'ESPINASSE : Et qui est-ce qui vous a dit que ce monde n'avait pas aussi ses méninges, ou qu'il ne réside pas dans quelque recoin de l'espace une grosse ou petite araignée dont les fils s'étendent à tout ?

BORDEU : Personne. Moins encore si elle n'a pas été, ou si elle ne sera pas.

Mlle DE L'ESPINASSE : Comment cette espèce de Dieu-là...

BORDEU : La seule qui se conçoive...

Mlle DE L'ESPINASSE : Pourrait avoir été ou venir et passer ?

BORDEU : Sans doute ; mais puisqu'il serait matière, dans l'univers, portion de l'univers, sujet à vicissitudes, il vieillirait, il mourrait.

Mlle DE L'ESPINASSE : Mais voici bien une autre extravagance qui me vient.

BORDEU : Je vous dispense de la dire, je la sais.

Mlle DE L'ESPINASSE : Voyons, quelle est-elle ?

BORDEU : Vous voyez l'intelligence unie à des portions de matière très énergiques et la possibilité de toutes sortes de prodiges imaginables. D'autres l'ont pensé comme vous.

Mlle DE L'ESPINASSE : Vous m'avez devinée, et je ne vous en estime pas davantage. Il faut que vous ayez un merveilleux penchant à la folie.

BORDEU : D'accord. Mais que cette idée a-t-elle d'effrayant ? Ce serait une épidémie de bons et de mauvais génies. Les lois les plus constantes de la nature seraient interrompues par des agents naturels ; notre physique générale en deviendrait plus difficile ; mais il n'y aurait point de miracles.

Mlle DE L'ESPINASSE : En vérité, il faut être bien circonspect sur ce qu'on assure et sur ce qu'on nie.

BORDEU : Allez, celui qui vous raconterait un phénomène de ce genre aurait l'air d'un grand menteur ; mais laissons là tous ces êtres imaginaires, sans en excepter votre araignée à réseaux infinis. Revenons au vôtre et à sa formation.

Mlle DE L'ESPINASSE : J'y consens.

D'ALEMBERT : Mademoiselle, vous êtes avec quelqu'un. Qui est-ce qui cause là avec vous ?

Mlle DE L'ESPINASSE : C'est le docteur.

D'ALEMBERT : Bonjour, Docteur ; que faites-vous ici si matin ?

BORDEU : Vous le saurez. Dormez.

D'ALEMBERT : Ma foi, j'en ai besoin. Je ne crois pas avoir passé une autre nuit aussi agitée que celle-ci. Vous ne vous en irez pas que je ne sois levé.

BORDEU : Non. Je gage, Mademoiselle, que vous avez cru qu'ayant été, à l'âge de douze ans, une femme la moitié plus petite, à l'âge de quatre ans encore une femme la moitié plus petite, fœtus une petite femme, dans les testicules de votre mère une femme très petite, vous avez pensé que vous aviez toujours été une femme, sous la forme que vous avez, en sorte que les seuls accroissements successifs que vous avez pris ont fait toute la différence de vous à votre origine, et de vous telle que vous voilà.

Mlle DE L'ESPINASSE : J'en conviens.

BORDEU : Rien cependant n'est plus faux que cette idée. D'abord vous n'étiez rien. Vous fûtes en commençant, un point imperceptible, formé de molécules plus petites éparses dans le sang, la lymphe de votre père ou de votre mère ; ce point devint un fil délié ; puis un faisceau de fils. Jusque-là, pas le moindre vestige de cette forme agréable que vous avez. Vos yeux, ces beaux yeux, ne ressemblaient non plus à des yeux, que l'extrémité d'une griffe d'anémone ne ressemble à une anémone. Chacun des brins du faisceau de fils se transforma par la seule nutrition et par sa conformation, en un organe particulier. Abstraction faite des organes dans lesquels les brins du faisceau se métamorphosent, et auxquels ils donnent naissance, le faisceau est un système purement sensible. S'il persistait sous cette forme, il serait susceptible de toutes les impressions relatives à la sensibilité, pure, comme le froid, le chaud, le doux, le rude. Ces impressions successives, variées entre elles et variées chacune dans leur intensité, y produiraient peut-être la mémoire, la conscience du soi, une raison très bornée. Mais cette sensibilité pure et simple, ce toucher se diversifie par les organes émanés de chacun des brins ; un brin formant une oreille donne naissance à une espèce de toucher que nous appelons bruit ou son ; un autre formant le palais donne naissance à une seconde espèce de toucher que nous appelons saveur ; un troisième formant le nez et le tapissant donne naissance à une troisième espèce de toucher que nous appelons odeur ; un quatrième formant un œil donne naissance à une quatrième espèce de toucher que nous appelons couleur.

Mlle DE L'ESPINASSE : Mais si je vous ai bien compris, ceux qui nient la possibilité d'un sixième sens, un véritable hermaphrodite, sont des étourdis. Qui est-ce qui leur a dit que nature ne pourrait former un faisceau avec un brin singulier, qui donnerait naissance à un organe qui nous est inconnu ?

BORDEU : Ou avec les deux brins qui caractérisent les deux sexes ? Vous avez raison. Il y a plaisir à causer avec vous. Vous ne saisissez pas seulement ce qu'on vous dit, vous en tirez encore des conséquences d'une justesse qui m'étonne.

Mlle DE L'ESPINASSE : Docteur, vous m'encouragez.

BORDEU : Non, ma foi ; je vous dis ce que je pense.

Mlle DE L'ESPINASSE : Je vois bien l'emploi de quelques-uns des brins du faisceau ; mais les autres que deviennent-ils ?

BORDEU : Et vous croyez qu'une autre que vous aurait songé à cette question ?

Mlle DE L'ESPINASSE : Certainement.

BORDEU : Vous n'êtes pas vaine. Le reste des brins va former autant d'autres espèces de toucher qu'il y a de diversité entre les organes et les parties du corps.

Mlle DE L'ESPINASSE : Et comment les appelle-t-on ? Je n'en ai jamais entendu parler.

BORDEU : Ils n'ont pas de nom.

Mlle DE L'ESPINASSE : Et pourquoi ?

BORDEU : C'est qu'il n'y a pas autant de différence entre les sensations excitées par leur moyen, qu'il y en a entre les sensations excitées par le moyen des autres organes.

Mlle DE L'ESPINASSE : Très sérieusement, vous pensez que le pied, la main, les cuisses, le ventre, l'estomac, la poitrine, le poumon, le cœur, ont leurs sensations particulières ?

BORDEU : Je le pense. Si j'osais, je vous demanderais si parmi ces sensations qu'on ne nomme pas...

Mlle DE L'ESPINASSE : Je vous entends. Non. Celle-là est toute seule de son espèce ; et c'est dommage. Mais quelle raison avez-vous de cette multiplicité de sensations plus douloureuses qu'agréables dont il vous plaît de nous gratifier ?

BORDEU : La raison ? c'est que nous les discernons en grande partie. Si cette infinie diversité de toucher n'existait pas, on saurait qu'on éprouve du plaisir ou de la douleur, mais on ne saurait où les rapporter. Il faudrait le secours de la vue. Ce ne serait plus une affaire de sensation ; ce serait une affaire d'expérience et d'observation.

Mlle DE L'ESPINASSE : Quand je dirais que j'ai mal au doigt, si l'on me demandait pourquoi j'assure que c'est au doigt que j'ai mal, il faudrait que je répondisse non pas que je le sens, mais que je sens du mal et que je vois que mon doigt est malade.

BORDEU : C'est cela. Venez que je vous embrasse.

Mlle DE L'ESPINASSE : Très volontiers.

D'ALEMBERT : Docteur, vous embrassez Mademoiselle. C'est fort bien fait à vous.

BORDEU : J'y ai beaucoup réfléchi, et il m'a semblé que la direction et le lieu de la secousse ne suffiraient pas pour déterminer le jugement si subit de l'origine du faisceau.

Mlle DE L'ESPINASSE : Je n'en sais rien.

BORDEU : Votre doute me plaît. Il est si commun de prendre des qualités naturelles pour des habitudes acquises et presque aussi vieilles que nous.

Mlle DE L'ESPINASSE : Et réciproquement.

BORDEU : Quoi qu'il en soit, vous voyez que dans une question où il s'agit de la formation première de l'animal, c'est s'y prendre trop tard que d'attacher son regard et ses réflexions sur l'animal formé ; qu'il faut remonter à ses premiers rudiments, et qu'il est à propos de vous dépouiller de votre organisation actuelle, et de revenir à un instant où vous n'étiez qu'une substance molle, filamenteuse, informe, vermiculaire, plus analogue au bulbe et à la racine d'une plante qu'à un animal.

Mlle DE L'ESPINASSE : Si c'était l'usage d'aller toute nue dans les rues, je ne serais ni la première ni la dernière à m'y conformer. Ainsi faites de moi tout ce qu'il vous plaira, pourvu que je m'instruise. Vous m'avez dit que chaque brin du faisceau formait un organe particulier ; et quelle preuve que cela est ainsi ?

BORDEU : Faites par la pensée ce que nature fait quelquefois ! Mutilez le faisceau d'un de ses brins, par exemple du brin qui formera les yeux ; que croyez-vous qu'il en arrive ?

Mlle DE L'ESPINASSE : Que l'animal n'aura point d'yeux, peut-être.

BORDEU : Ou n'en aura qu'un placé au milieu du front.

Mlle DE L'ESPINASSE : Ce sera un Cyclope.

BORDEU : Un Cyclope.

Mlle DE L'ESPINASSE : Le Cyclope pourrait donc bien ne pas être un être fabuleux.

BORDEU : Si peu que je vous en ferai voir un, quand vous voudrez.

Mlle DE L'ESPINASSE : Et qui sait la cause de cette diversité ?

BORDEU : Celui qui a disséqué ce monstre [1] et qui ne lui a trouvé qu'un filet optique. Faites par la pensée ce que nature fait quelquefois. Supprimez un autre brin du faisceau, le brin qui doit former le nez, l'animal sera sans nez. Supprimez le brin qui doit former l'oreille, l'animal sera sans oreilles, ou n'en aura qu'une, et l'anatomiste ne trouvera dans la dissection, ni les filets olfactifs, ni les filets auditifs, ou ne trouvera qu'un de ceux-ci. Continuez la suppression des brins, et l'animal sera sans tête, sans pieds, sans mains ; sa durée sera courte, mais il aura vécu.

Mlle DE L'ESPINASSE : Et il y a des exemples de cela ?

BORDEU : Assurément. Ce n'est pas tout. Doublez quelques-uns des brins du faisceau, et l'animal aura deux têtes, quatre yeux, quatre oreilles, trois testicules, trois pieds, quatre bras, six doigts à chaque main. Dérangez les brins du faisceau, et les organes seront déplacés : la tête occupera le milieu de la poitrine, les poumons seront à gauche, le cœur à droite. Collez ensemble deux brins, et les

---

1. Un enfant mort-né qui n'était doté que d'un œil avait, en 1766, été disséqué par Dubourg. Diderot le connaissait.

organes se confondront; les bras s'attacheront au corps; les cuisses, les jambes et les pieds se réuniront, et vous aurez toutes les sortes de monstres imaginables.

Mlle DE L'ESPINASSE : Mais il me semble qu'une machine aussi composée qu'un animal, une machine qui naît d'un point, d'un fluide agité, peut-être de deux fluides brouillés au hasard, car on ne sait guère alors ce qu'on fait, une machine qui s'avance à sa perfection par une infinité de développements successifs, une machine dont la conformation régulière ou irrégulière dépend d'un paquet de fils minces, déliés et flexibles, d'une espèce d'écheveau où le moindre brin ne peut être cassé, rompu, déplacé, manquant, sans conséquence fâcheuse pour le tout, devrait se nouer, s'embarrasser encore plus souvent dans le lieu de sa formation que mes soies sur ma tournette[1].

BORDEU : Aussi en souffre-t-elle beaucoup plus qu'on ne pense, on ne dissèque pas assez, et les idées sur sa formation sont-elles bien éloignées de la vérité.

Mlle DE L'ESPINASSE : A-t-on des exemples remarquables de ces difformités originelles, autres que les bossus et les boiteux, dont on pourrait attribuer l'état maléficié[2] à quelque vice héréditaire?

BORDEU : Il y en a sans nombre; et tout nouvellement il vient de mourir à la Charité de Paris, à l'âge de vingt-cinq ans, des suites d'une fluxion de poitrine, un charpentier né à Troyes, appelé Jean-Baptiste Macé, qui avait les viscères intérieurs de la poitrine et de l'abdomen dans une situation renversée, le cœur à droite précisément comme vous l'avez à gauche, le foie à gauche; l'estomac, la rate, le pancréas, à l'hypocondre droit; la veine-porte au foie du côté gauche, ce qu'elle est au foie du côté droit; même transposition au

---

1. Il s'agit d'un petit instrument de bois servant à dévider fil, soie, laine, coton.
2. Infirme.

long canal des intestins ; les reins adossés l'un à l'autre sur les vertèbres des lombes, imitaient la figure d'un fer à cheval. Et qu'on vienne après cela nous parler de causes finales !

Mlle DE L'ESPINASSE : Cela est singulier.

BORDEU : Si Jean-Baptiste Macé a été marié et qu'il ait eu des enfants...

Mlle DE L'ESPINASSE : Eh bien, Docteur, ces enfants...

BORDEU : Suivront la conformation générale ; mais quelqu'un des enfants de leurs enfants, au bout d'une centaine d'années, car ces irrégularités ont des sauts, reviendra à la conformation bizarre de son aïeul [1].

Mlle DE L'ESPINASSE : Et d'où viennent ces sauts ?

BORDEU : Qui le sait ? Pour faire un enfant on est deux, comme vous savez. Peut-être qu'un des agents répare le vice de l'autre, et que le réseau défectueux ne renaît que dans le moment où le descendant de la race monstrueuse prédomine, et donne la loi à la formation du réseau. Le faisceau de fils constitue la différence originelle et première de toutes les espèces d'animaux. Les variétés du faisceau d'une espèce font toutes les variétés monstrueuses de cette espèce.

Après un long silence, Mlle de L'Espinasse sortit de sa rêverie et tira le docteur de la sienne par la question suivante :

Mlle DE L'ESPINASSE : Il me vient une idée bien folle.

BORDEU : Quelle ?

Mlle DE L'ESPINASSE : L'homme n'est peut-être que le monstre de la femme, ou la femme le monstre de l'homme.

---

1. Maupertuis s'était interrogé, dans sa *Vénus physique* (1745), sur la production des monstres : « Ce qui est encore plus étonnant, c'est après une interruption de ces variétés, de les voir reparaître ; de voir l'enfant qui ne ressemble ni à son père, ni à sa mère, naître avec les traits de son aïeul. »

BORDEU : Cette idée vous serait venue bien plus vite encore, si vous eussiez su que la femme a toutes les parties de l'homme, et que la seule différence qu'il y ait, est celle d'une bourse pendante en dehors, ou d'une bourse retournée en dedans ; qu'un fœtus femelle ressemble, à s'y tromper, à un fœtus mâle ; que la partie qui occasionne l'erreur s'affaisse dans le fœtus femelle à mesure que la bourse intérieure s'étend ; qu'elle ne s'oblitère jamais au point de perdre sa première forme ; qu'elle garde cette forme en petit ; qu'elle est susceptible des mêmes mouvements ; qu'elle est aussi le mobile de la volupté ; qu'elle a son gland, son prépuce, et qu'on remarque à son extrémité un point qui paraîtrait avoir été l'orifice d'un canal urinaire qui s'est fermé ; qu'il y a dans l'homme depuis l'anus, jusqu'au scrotum, intervalle qu'on appelle le périnée, et du scrotum jusqu'à l'extrémité de la verge, une couture qui semble être la reprise d'une vulve faufilée[1] ; que les femmes qui ont le clitoris excessif ont de la barbe ; que les eunuques n'en ont point ; que leurs cuisses se fortifient ; que leurs hanches s'évasent ; que leurs genoux s'arrondissent, et qu'en perdant l'organisation caractéristique d'un sexe, ils semblent s'en retourner à la conformation caractéristique de l'autre. Ceux d'entre les Arabes que l'équitation habituelle a châtrés perdent la barbe, prennent une voix grêle, s'habillent en femmes, se rangent parmi elles sur les chariots, s'accroupissent pour pisser, et en affectent les mœurs et les usages... Mais nous voilà bien loin de notre objet. Revenons à notre faisceau de filaments animés et vivants.

D'ALEMBERT : Je crois que vous dites des ordures à Mademoiselle de L'Espinasse.

BORDEU : Quand on parle science, il faut se servir de mots techniques.

D'ALEMBERT : Vous avez raison ; alors ils perdent le cortège

---

1. Le faufilage est une couture provisoire faite à grands points.

d'idées accessoires qui les rendraient malhonnêtes. Continuez, Docteur. Vous disiez donc à Mademoiselle, que la matrice n'est autre chose qu'un scrotum retourné de dehors en dedans, mouvement dans lequel les testicules ont été jetés hors de la bourse qui les renfermait, et dispersés de droite et de gauche dans la cavité du corps ; que le clitoris est un membre viril en petit ; que ce membre viril de femme va toujours en diminuant à mesure que la matrice, ou le scrotum retourné s'étend, et que...

Mlle DE L'ESPINASSE : Oui, oui, taisez-vous ; et ne vous mêlez pas de nos affaires...

BORDEU : Vous voyez, Mademoiselle, que dans la question de nos sensations en général, qui ne sont toutes qu'un toucher diversifié, il faut laisser là les formes successives que le réseau prend, et s'en tenir au réseau seul.

Mlle DE L'ESPINASSE : Chaque fil du réseau sensible peut être blessé ou chatouillé sur toute sa longueur. Le plaisir ou la douleur est là, ou là, dans un endroit ou dans un autre de quelqu'une des longues pattes de mon araignée, car j'en reviens toujours à mon araignée, que c'est l'araignée qui est à l'origine commune de toutes les pattes, et qui rapporte à tel ou tel endroit la douleur ou le plaisir, sans l'éprouver.

BORDEU : Que c'est le rapport constant, invariable de toutes les impressions à cette origine commune qui constitue l'unité de l'animal.

Mlle DE L'ESPINASSE : Que c'est la mémoire de toutes ces impressions successives qui fait pour chaque animal l'histoire de sa vie et de son soi.

BORDEU : Et que c'est la mémoire et la comparaison qui s'ensuivent nécessairement de toutes ces impressions qui font la pensée et le raisonnement.

Mlle DE L'ESPINASSE : Et cette comparaison se fait, où ?

BORDEU : À l'origine du réseau.

Mlle DE L'ESPINASSE : Et ce réseau ?

BORDEU : N'a à son origine aucun sens qui lui soit propre ;

ne voit point; n'entend point, ne souffre point. Il est produit, nourri; il émane d'une substance molle, insensible,
inerte, qui lui sert d'oreiller, et sur laquelle il siège, écoute,
juge et prononce.

Mlle DE L'ESPINASSE : Il ne souffre point?

BORDEU : Non. L'impression la plus légère suspend son
audience, et l'animal tombe dans l'état de mort. Faites ces-
ser l'impression, il revient à ses fonctions, et l'animal renaît.

Mlle DE L'ESPINASSE : Et d'où savez-vous cela? Est-ce qu'on
a jamais fait renaître et mourir un homme à discrétion?

BORDEU : Oui.

Mlle DE L'ESPINASSE : Et comment cela?

BORDEU : Je vais vous le dire; c'est un fait curieux. La
Peyronie [1], que vous pouvez avoir connu, fut appelé auprès
d'un malade qui avait reçu un coup violent à la tête. Ce
malade y sentait de la pulsation. Le chirurgien ne doutait
pas que l'abcès au cerveau ne fût formé, et qu'il n'y avait
pas un moment à perdre. Il rase le malade, et le trépane.
La pointe de l'instrument tombe précisément au centre de
l'abcès. Le pus était fait. Il vide le pus. Il nettoie l'abcès avec
une seringue. Lorsqu'il pousse l'injection dans l'abcès, le
malade ferme les yeux; ses membres restent sans action,
sans mouvement, sans le moindre signe de vie. Lorsqu'il
repompe l'injection et qu'il soulage l'origine du faisceau du
poids et de la pression du fluide injecté, le malade rouvre
les yeux, se meut, parle, sent, renaît et vit.

Mlle DE L'ESPINASSE : Cela est singulier. Et ce malade gué-
rit-il?

BORDEU : Il guérit; et quand il fut guéri, il réfléchit, il pensa,
il raisonna, il eut le même esprit, le même bon sens, la même
pénétration, avec une bonne portion de moins de sa cervelle.

---

1. La Peyronie (1678-1747) était le premier chirurgien de
Louis XV. Dans son article «Âme» de l'*Encyclopédie*, Diderot reprend
en détail les observations du médecin.

Mlle DE L'ESPINASSE : Ce juge-là est un être bien extraordinaire.

BORDEU : Il se trompe quelquefois lui-même ; il est sujet à des préventions d'habitude : on sent du mal à un membre qu'on n'a plus ; on le trompe, quand on veut : croisez deux de vos doigts l'un sur l'autre, touchez une petite boule, et il prononcera qu'il y en a deux.

Mlle DE L'ESPINASSE : C'est qu'il est comme tous les juges du monde et qu'il a besoin d'expérience ; sans quoi il prendra la sensation de la glace, pour celle du feu.

BORDEU : Il fait bien autre chose : il donne un volume presque infini à l'individu, ou il se concentre presque dans un point.

Mlle DE L'ESPINASSE : Je ne vous entends pas.

BORDEU : Qu'est-ce qui circonscrit votre étendue réelle ? la vraie sphère de votre sensibilité ?

Mlle DE L'ESPINASSE : Ma vue et mon toucher.

BORDEU : De jour ; mais la nuit, dans les ténèbres, lorsque vous rêvez surtout à quelque chose d'abstrait, le jour même, lorsque votre esprit est occupé ?

Mlle DE L'ESPINASSE : Rien. J'existe comme en un point. Je cesse presque d'être matière. Je ne sens que ma pensée. Il n'y a plus ni lieu, ni mouvement, ni corps, ni distance, ni espace pour moi. L'univers est anéanti pour moi, et je suis nulle pour lui.

BORDEU : Voilà le dernier terme de la concentration de votre existence, mais sa dilatation idéale peut être sans bornes. Lorsque la vraie limite de votre sensibilité est franchie, soit en vous rapprochant, en vous condensant en vous-même, soit en vous étendant au dehors, on ne sait plus ce que cela peut devenir.

Mlle DE L'ESPINASSE : Docteur, vous avez raison. Il m'a semblé plusieurs fois en rêve...

BORDEU : Et aux malades, dans une attaque de goutte...

Mlle DE L'ESPINASSE : Que je devenais immense.

BORDEU : Que leur pied touchait au ciel de leur lit [1].

Mlle DE L'ESPINASSE : Que mes bras et mes jambes s'allongeaient à l'infini, que le reste de mon corps prenait un volume proportionné, que l'Encelade [2] de la fable n'était qu'un pygmée ; que l'Amphitrite [3] d'Ovide dont les longs bras allaient former une ceinture immense à la terre n'était qu'une naine en comparaison de moi et que j'escaladais le ciel et que j'enlaçais les deux hémisphères.

BORDEU : Fort bien. Et moi j'ai connu une femme en qui le phénomène s'exécutait en sens contraire.

Mlle DE L'ESPINASSE : Quoi ? elle se rapetissait par degrés, et rentrait en elle-même ?

BORDEU : Au point de se sentir aussi menue qu'une aiguille. Elle voyait, elle entendait, elle raisonnait, elle jugeait, elle avait un effroi mortel de se perdre ; elle frémissait à l'approche des moindres objets. Elle n'osait bouger de sa place.

Mlle DE L'ESPINASSE : Voilà un singulier rêve, bien fâcheux, bien incommode.

BORDEU : Elle ne rêvait point. C'était un des accidents de la cessation de l'écoulement périodique.

Mlle DE L'ESPINASSE : Et demeurait-elle longtemps sous cette menue, imperceptible forme de petite femme ?

BORDEU : Une heure, deux heures, après lesquelles elle revenait successivement à son volume naturel.

Mlle DE L'ESPINASSE : Et la raison de ces sensations bizarres ?

BORDEU : Dans leur état naturel et tranquille, les brins du faisceau ont une certaine tension, un ton [4], une énergie habi-

---

1. Le ciel de lit est la partie supérieure du lit à baldaquin.
2. Encelade est l'un des géants mythologiques qui attaquent les Olympiens.
3. Dans la mythologie grecque, Neptune a enlevé et épousé Amphitrite. Ovide (43 av. J.-C.-17) en fait, dans les *Métamorphoses*, le nom métonymique de la mer.
4. Un tonus, une tonicité.

tuelle qui circonscrit l'étendue réelle ou imaginaire du corps. Je dis réelle ou imaginaire, car cette tension, ce ton, cette énergie étant variables, notre corps n'est pas toujours d'un même volume.

Mlle DE L'ESPINASSE : Ainsi c'est au physique, comme au moral que nous sommes sujets à nous croire plus grands que nous ne le sommes ?

BORDEU : Le froid nous rapetisse, la chaleur nous étend ; et tel individu peut se croire, toute sa vie, plus petit ou plus grand qu'il ne l'est réellement. S'il arrive à la masse du faisceau d'entrer en un éréthisme[1] violent, aux brins de se mettre en érection, à la multitude infinie de leurs extrémités de s'élancer au-delà de leur limite accoutumée, alors la tête, les pieds, les autres membres, tous les points de la surface du corps seront portés à une distance immense, et l'individu se sentira gigantesque. Ce sera le phénomène contraire, si l'insensibilité, l'apathie, l'inertie gagne de l'extrémité des brins, et s'achemine peu à peu vers l'origine du faisceau.

Mlle DE L'ESPINASSE : Je conçois que cette expansion ne saurait se mesurer ; et je conçois encore que cette insensibilité, cette apathie, cette inertie de l'extrémité des brins, cet engourdissement, après avoir fait un certain progrès, peut se fixer, s'arrêter...

BORDEU : Comme il est arrivé à La Condamine[2]. Alors l'individu sent comme des ballons sous ses pieds.

Mlle DE L'ESPINASSE : Il existe au-delà du terme de sa sensibilité ; et s'il était enveloppé de cette apathie en tout sens, il nous offrirait un petit homme vivant sous un homme mort.

---

1. Le terme désigne l'irritation des parties nerveuses et l'exacerbation de la sensibilité.
2. En 1735, La Condamine (1701-1774) avait dirigé l'expédition chargée, au Pérou, de mesurer la longueur d'un arc de méridien. À la fin de sa vie, il sera affecté d'une paralysie partielle qui anesthésie ses extrémités corporelles.

BORDEU : Concluez de là que l'animal qui dans son origine n'était qu'un point, ne sait encore s'il est réellement quelque chose de plus. Mais revenons.

Mlle DE L'ESPINASSE : Où ?

BORDEU : Où ! au trépan de La Peyronie... Voilà bien, je crois, ce que vous me demandiez, l'exemple d'un homme qui vécut et mourut alternativement. Mais il y a mieux.

Mlle DE L'ESPINASSE : Et qu'est-ce que ce peut être ?

BORDEU : La fable de Castor et Pollux réalisée[1] ; deux enfants dont la vie de l'un était aussitôt suivie de la mort de l'autre, et la vie de celui-ci aussitôt suivie de la mort du premier.

Mlle DE L'ESPINASSE : Oh le bon conte ! Et cela dura-t-il long-temps ?

BORDEU : La durée de cette existence fut de deux jours qu'ils se partagèrent également et à différentes reprises, en sorte que chacun eut pour sa part un jour de vie et un jour de mort.

Mlle DE L'ESPINASSE : Je crains, Docteur, que vous n'abusiez un peu de ma crédulité. Prenez-y garde ; si vous me trompez une fois, je ne vous croirai plus.

BORDEU : Lisez-vous quelquefois la *Gazette de France* ?

Mlle DE L'ESPINASSE : Jamais, quoique ce soit le chef-d'œuvre de deux hommes d'esprit[2].

BORDEU : Faites-vous prêter la feuille du 4 de ce mois de septembre, et vous verrez qu'à Rabastens, diocèse d'Albi, deux filles naquirent dos à dos, unies par leurs dernières vertèbres lombaires, leurs fesses et la région hypogastrique. L'on ne pouvait tenir l'une debout que l'autre n'eût la tête

---

1. Castor et Pollux sont demi-frères. Ils ont la même mère, Léda, mais Castor est fils d'un homme, Tyndare, quand Pollux est fils d'un dieu, Zeus. Lorsque Castor est tué au combat, Pollux partage son immortalité : ils vivront à tour de rôle.

2. La *Gazette de France* était dirigée par deux amis de Diderot, François Arnaud (1721-1784) et Jean-Baptiste Suard (1732-1817).

en bas. Couchées, elles se regardaient. Leurs cuisses étaient fléchies entre leurs troncs, et leurs jambes élevées ; sur le milieu de la ligne circulaire commune qui les attachait par leurs hypogastres on discernait leur sexe, et entre la cuisse droite de l'une qui correspondait à la cuisse gauche de sa sœur, dans une cavité il y avait un petit anus par lequel s'écoulait le méconium [1].

Mlle DE L'ESPINASSE : Voilà une espèce assez bizarre.

BORDEU : Elles prirent du lait qu'on leur donna dans une cuiller. Elles vécurent douze heures comme je vous l'ai dit, l'une tombant en défaillance, lorsque l'autre en sortait ; l'une morte, tandis que l'autre vivait ; la première défaillance de l'une et la première vie de l'autre furent de quatre heures. Les défaillances et les retours alternatifs à la vie qui succédèrent furent moins longs. Elles expirèrent dans le même instant. On remarqua que leurs nombrils avaient aussi un mouvement alternatif de sortie et de rentrée. Il rentrait à celle qui défaillait, et sortait à celle qui revenait à la vie.

Mlle DE L'ESPINASSE : Et que dites-vous de ces alternatives de vie et de mort ?

BORDEU : Peut-être rien qui vaille ; mais comme on voit tout à travers la lunette de son système, et que je ne veux pas faire exception à la règle, je dis que c'est le phénomène du trépané de La Peyronie doublé en deux êtres conjoints ; que les réseaux de ces deux enfants s'étaient si bien mêlés qu'ils agissaient et réagissaient l'un sur l'autre ; lorsque l'origine du réseau de l'une prévalait, il entraînait le réseau de l'autre qui défaillait à l'instant. C'était le contraire, si c'était le réseau de celle-ci qui dominât le système commun. Dans le trépané de La Peyronie la pression se faisait de haut en bas, par le poids d'un fluide ; dans les deux jumelles de

---

1. La première selle du nouveau-né.

Rabastens, elle se faisait de bas en haut, par la traction d'un certain nombre des fils du réseau. Conjecture appuyée par la rentrée et la sortie alternative des nombrils, sortie dans celle qui revenait à la vie, rentrée dans celle qui mourait.

Mlle DE L'ESPINASSE : Et voilà deux âmes liées.

BORDEU : Un animal avec le principe de deux sens et de deux consciences.

Mlle DE L'ESPINASSE : N'ayant cependant dans le même moment que la jouissance d'une seule ; mais qui sait ce qui serait arrivé, si cet animal eût vécu !

BORDEU : Quelle sorte de correspondance, l'expérience de tous les moments de la vie, la plus forte des habitudes, qu'on puisse imaginer, aurait établie entre ces deux cerveaux ?

Mlle DE L'ESPINASSE : Des sens doubles, une mémoire double, une imagination double, une double application, la moitié d'un être qui observe, lit, médite, tandis que son autre moitié repose. Cette moitié-ci reprenant les mêmes fonctions, quand sa compagne est lasse ; la vie doublée d'un être doublé.

BORDEU : Cela est possible ; et la nature amenant avec le temps tout ce qui est possible, elle formera quelque étrange composé.

Mlle DE L'ESPINASSE : Que nous serions pauvres en comparaison d'un pareil être !

BORDEU : Et pourquoi ? Il y a déjà tant d'incertitudes, de contradictions, de folies dans un entendement simple, que je ne sais plus ce que cela deviendrait avec un entendement double... Mais il est dix heures et demie, et j'entends du faubourg jusqu'ici un malade qui m'appelle.

Mlle DE L'ESPINASSE : Y aurait-il bien du danger pour lui, à ce que vous ne le vissiez pas ?

BORDEU : Moins peut-être qu'à le voir. Si la nature ne fait pas la besogne sans moi, nous aurons bien de la peine à la faire ensemble ; et à coup sûr je ne la ferai pas sans elle.

Mlle DE L'ESPINASSE : Restez donc.

D'ALEMBERT : Docteur, encore un mot, et je vous envoie à votre patient. À travers toutes les vicissitudes que je subis dans le cours de ma durée, n'ayant peut-être pas à présent une des molécules que j'apportai en naissant, comment suis-je resté moi pour les autres et pour moi ?

BORDEU : Vous nous l'avez dit en rêvant.

D'ALEMBERT : Est-ce que j'ai rêvé ?

Mlle DE L'ESPINASSE : Toute la nuit, et cela ressemblait tellement à du délire, que j'ai envoyé chercher le docteur ce matin.

D'ALEMBERT : Et cela pour des pattes d'araignées qui s'agitaient d'elles-mêmes, qui tenaient alerte l'araignée et qui faisaient parler l'animal ; et l'animal, que disait-il ?

BORDEU : Que c'était par la mémoire qu'il était lui pour les autres et pour lui ; et j'ajouterais par la lenteur des vicissitudes. Si vous eussiez passé en un clin d'œil de la jeunesse à la décrépitude, vous auriez été jeté dans ce monde, comme au premier moment de votre naissance. Vous n'auriez plus été vous ni pour les autres ni pour vous, pour les autres qui n'auraient point été eux pour vous. Tous les rapports auraient été anéantis. Toute l'histoire de votre vie pour moi, toute l'histoire de la mienne pour vous, brouillée. Comment auriez-vous pu savoir que cet homme courbé sur un bâton, dont les yeux s'étaient éteints, qui se traînait avec peine, plus différent encore de lui-même au-dedans qu'à l'extérieur, était le même qui la veille marchait si légèrement, remuait des fardeaux assez lourds, pouvait se livrer aux méditations les plus profondes, aux exercices les plus doux et les plus violents ? Vous n'eussiez pas entendu vos propres ouvrages, vous ne vous fussiez pas reconnu vous-même ; vous n'eussiez reconnu personne ; personne ne vous eût reconnu. Toute la scène du monde aurait changé. Songez qu'il y eut moins de différence encore entre vous naissant et vous jeune, qu'il n'y en aurait eu entre vous jeune et vous devenu subitement décrépit. Songez que quoique votre naissance ait été liée à votre jeunesse par une suite de sensations ininterrompues, les trois premières années de votre naissance n'ont jamais été de l'histoire de votre vie. Qu'aurait donc été pour vous le temps de votre jeunesse que rien n'eût lié au moment de votre décrépitude ? D'Alembert décrépit n'eût pas eu le moindre souvenir de d'Alembert jeune.

Mlle DE L'ESPINASSE : Dans la grappe d'abeilles, il n'y en aurait pas une qui eût le temps de prendre l'esprit du corps.

D'ALEMBERT : Qu'est-ce que vous dites là ?

Mlle DE L'ESPINASSE : Je dis que l'esprit monastique se conserve, parce que le monastère se refait peu à peu, et quand il entre un moine nouveau, il en trouve une centaine de vieux qui l'entraînent à penser et à sentir comme eux. Une abeille s'en va ; il en succède dans la grappe une autre qui se met bientôt au courant.

D'ALEMBERT : Allez, vous extravaguez avec vos moines, vos abeilles, votre grappe et votre couvent.

BORDEU : Pas tant que vous croiriez bien. S'il n'y a qu'une conscience dans l'animal, il y a une infinité de volontés ; chaque organe a la sienne.

Mlle DE L'ESPINASSE : Comment avez-vous dit ?

BORDEU : J'ai dit que l'estomac veut des aliments, que le palais n'en veut point, et que la différence du palais et de l'estomac, avec l'animal entier, c'est que l'animal sait qu'il veut, et que l'estomac et le palais veulent sans le savoir ; c'est que l'estomac ou le palais sont l'un à l'autre à peu près comme l'homme et la brute. Les abeilles perdent leurs consciences et retiennent leurs appétits, ou volontés. La fibre est un animal simple ; l'homme est un animal composé. Mais gardons ce texte pour une autre fois. Il faut un événement bien moindre qu'une décrépitude, pour ôter à l'homme la conscience du soi. Un moribond reçoit les sacrements avec une piété profonde ; il s'accuse de ses fautes; il demande pardon à sa femme; il embrasse ses enfants; il appelle ses amis; il parle à son médecin; il commande à ses domestiques; il dicte ses dernières volontés; il met ordre à ses affaires; et tout cela avec le jugement le plus sain, la présence d'esprit la plus entière; il guérit; il est convalescent; et il n'a pas la moindre idée de ce qu'il a dit ou fait dans sa maladie. Cet intervalle, quelquefois très long, a disparu de sa vie. Il y a même des exemples de personnes qui ont repris la conversation ou l'action que l'attaque subite du mal avait interrompue.

D'ALEMBERT : Je me souviens que, dans un exercice public, un pédant de collège, tout gonflé de son savoir, fut mis ce qu'ils appellent au sac [1] par un capucin qu'il avait méprisé. Lui! mis au sac! Et par qui! par un capucin! Et sur quelle question! Sur le futur contingent! sur la science moyenne [2] qu'il a méditée toute sa vie! Et en quelle circonstance! devant une assemblée nombreuse! devant ses élèves! Le voilà perdu d'honneur. Sa tête travaille si bien sur ces idées qu'il en tombe dans une léthargie qui lui enlève toutes les connaissances qu'il avait acquises.

Mlle DE L'ESPINASSE : Mais c'était un bonheur.

D'ALEMBERT : Ma foi, vous avez raison. Le bon sens lui était resté, mais il avait tout oublié. On lui rapprit à parler et à lire. Et il mourut lorsqu'il commençait à épeler très passablement. Cet homme n'était point un inepte. On lui accordait même quelque éloquence.

Mlle DE L'ESPINASSE : Puisque le docteur a entendu votre conte, il faut qu'il entende aussi le mien. Un jeune homme de dix-huit ans à vingt ans dont je ne me rappelle pas le nom.

---

1. Hors d'état de pouvoir répondre.
2. Référence à la philosophie de Luis Molina (1536-1600) que le XVIIIᵉ siècle s'emploiera à invalider comme étant de la mauvaise métaphysique.

BORDEU : C'est un M. de Schullemberg[1] de Winterthour.
Il n'avait que quinze à seize ans.

Mlle DE L'ESPINASSE : Ce jeune homme fit une chute dans
laquelle il reçut une commotion violente à la tête.

BORDEU : Qu'appelez-vous commotion violente ? Il tomba
du haut d'une grange ; il eut la tête fracassée, et resta six
semaines sans connaissance.

Mlle DE L'ESPINASSE : Quoi qu'il en soit, savez-vous quelle
fut la suite de cet accident ? la même qu'à votre pédant. Il
oublia tout ce qu'il savait. Il fut restitué à son bas âge. Il eut
une seconde enfance et qui dura. Il était craintif et pusilla-
nime. Il s'amusait à des joujoux. S'il avait mal fait et qu'on
le grondât, il allait se cacher dans un coin. Il demandait à
faire son petit tour et son grand tour. On lui apprit à lire
et à écrire. Mais j'oubliais de vous dire qu'il fallut lui rap-
prendre à marcher. Il redevint homme et habile homme ; et
il a laissé un ouvrage d'histoire naturelle.

BORDEU : Ce sont des gravures, les planches de M. Sulzer[2]
sur les insectes, d'après le système de Linnœus[3]. Je connais-
sais ce fait. Il est arrivé dans le canton de Zurich, en Suisse ;
et il y a nombre d'exemples pareils. Dérangez l'origine du faisceau, vous changez l'animal. Il semble qu'il soit là tout entier,
tantôt dominant les ramifications, tantôt dominé par elles.

Mlle DE L'ESPINASSE : Et l'animal est sous le despotisme ou
sous l'anarchie.

BORDEU : Sous le despotisme, c'est fort bien dit. L'origine
du faisceau commande et tout le reste obéit. L'animal est
maître de soi, *mentis compos*.

Mlle DE L'ESPINASSE : Sous l'anarchie, où tous les filets du

---

1. Schellenberg (1740-1806) était un graveur suisse.
2. Sulzer (1735-1814) était un entomologiste et géographe suisse.
3. Carl Linnœus (1707-1778), qui se fera appeler von Linné après
avoir été anobli, était un naturaliste suédois qui établit un classement
binaire des espèces botaniques et zoologiques.

réseau sont soulevés contre leur chef et où il n'y a plus d'autorité suprême.

BORDEU : À merveille. Dans les grands accès de passion, dans les délires, dans les périls imminents, si le maître porte toutes les forces de ses sujets vers un point, l'animal le plus faible montre une force incroyable.

Mlle DE L'ESPINASSE : Dans les vapeurs, sorte d'anarchie qui nous est si particulière.

BORDEU : C'est l'image d'une administration faible, où chacun tire à soi l'autorité du maître. Je ne connais qu'un moyen de guérir. Il est difficile, mais sûr. C'est que l'origine du réseau sensible, cette partie qui constitue le soi, puisse être affectée d'un motif violent de recouvrer son autorité.

Mlle DE L'ESPINASSE : Et qu'en arrive-t-il ?

BORDEU : Il en arrive qu'il la recouvre en effet, ou que l'animal périt. Si j'en avais le temps, je vous dirais là-dessus deux faits singuliers.

Mlle DE L'ESPINASSE : Mais, Docteur, l'heure de votre visite est passée, et votre malade ne vous attend plus.

BORDEU : Il ne faut venir ici que quand on n'a rien à faire ; car on ne saurait s'en tirer.

Mlle DE L'ESPINASSE : Voilà une bouffée d'humeur tout à fait honnête ; mais vos histoires ?

BORDEU : Pour aujourd'hui, vous vous contenterez de celle-ci. Une femme tomba à la suite d'une couche dans l'état vaporeux le plus effrayant : c'étaient des pleurs et des ris involontaires, des étouffements, des convulsions, des gonflements de gorge, du silence morne, des cris aigus, tout ce qu'il y a de pis. Cela dura plusieurs années. Elle aimait passionnément, et elle crut s'apercevoir que son amant fatigué de sa maladie commençait à se détacher : alors elle résolut de guérir ou de périr. Il s'établit en elle une guerre civile, dans laquelle c'était tantôt le maître qui l'emportait, tantôt c'étaient les sujets. S'il arrivait que l'action des filets du réseau fût égale à la réaction de leur origine, elle tombait comme morte. On la portait sur son lit où elle restait des heures entières sans mouvement et presque sans vie. D'autres fois elle en était quitte pour des lassitudes, une défaillance générale, une extinction qui semblait devoir être finale. Elle persista six mois dans cet état de lutte. La révolte commençait toujours par les filets ; elle la sentait arriver. Au premier symptôme, elle se levait, elle courait, elle se livrait aux exercices les plus violents ; elle montait, elle descendait ses escaliers ; elle sciait du bois, elle bêchait la terre. L'organe de sa volonté, l'origine du faisceau se raidissait ; elle se disait à elle-même : vaincre ou mourir. Après un nombre infini de victoires et de défaites, le chef resta le maître, et les sujets devinrent si soumis que, quoique cette femme ait éprouvé toutes sortes de peines domestiques, et qu'elle ait essuyé différentes maladies, il n'a plus été question de vapeurs.

Mlle DE L'ESPINASSE : Cela est brave ; mais je crois que j'en aurais bien fait autant.

BORDEU : C'est que vous aimeriez bien, si vous aimiez, et que vous êtes ferme.

Mlle DE L'ESPINASSE : J'entends. On est ferme, si d'éducation, d'habitude ou d'organisation, l'origine du faisceau domine les filets ; faible au contraire, si elle en est dominée.

BORDEU : Il y a bien d'autres conséquences à tirer de là.

Mlle DE L'ESPINASSE : Mais votre autre histoire, et vous les tirerez après.

BORDEU : Une jeune femme avait donné dans quelques écarts. Elle prit un jour le parti de fermer sa porte au plaisir. La voilà seule. La voilà mélancolique et vaporeuse. Elle me fit appeler. Je lui conseillai de prendre l'habit de paysanne, de bêcher la terre toute la journée, de coucher sur la paille et de vivre de pain dur. Ce régime ne lui plut pas. Voyagez donc, lui dis-je. Elle fit le tour de l'Europe, et retrouva la santé sur les grands chemins.

Mlle DE L'ESPINASSE : Ce n'est pas là ce que vous aviez à dire ; n'importe. Venons à vos conséquences.

BORDEU : Cela ne finirait point.

Mlle DE L'ESPINASSE : Tant mieux. Dites toujours.

BORDEU : Je n'en ai point le courage.

Mlle DE L'ESPINASSE : Et pourquoi ?

BORDEU : C'est que du train dont nous y allons, on effleure tout, et l'on n'approfondit rien.

Mlle DE L'ESPINASSE : Qu'importe ? nous ne composons pas. Nous causons.

BORDEU : Par exemple, si l'origine du faisceau rappelle toutes les forces à lui, si le système entier se meut, pour ainsi dire à rebours, comme je crois qu'il arrive dans l'homme qui médite profondément, dans le fanatique qui voit les cieux ouverts, dans le sauvage qui chante au milieu des flammes, dans l'extase, dans l'aliénation volontaire ou involontaire...

Mlle DE L'ESPINASSE : Eh bien ?

BORDEU : Eh bien, l'animal se rend impassible, il n'existe qu'en un point. Je n'ai pas vu ce prêtre de Calame dont parle saint Augustin qui s'aliénait au point de ne plus sentir des charbons ardents [1]. Je n'ai pas vu dans le cadre ces sauvages qui sourient à leurs ennemis, qui les insultent et qui leur suggèrent des tourments plus exquis que ceux qu'on leur fait souffrir. Je n'ai pas vu dans le cirque ces gladiateurs qui se rappelaient en expirant la grâce et les leçons de la gymnastique, mais je crois tous ces faits, parce que j'ai vu, mais vu de mes propres yeux un effort aussi extraordinaire qu'aucun de ceux-là.

Mlle DE L'ESPINASSE : Docteur, racontez-le-moi. Je suis comme les enfants. J'aime les faits merveilleux. Et quand ils

---

1. Dans *La Cité de Dieu*, saint Augustin (354-430) raconte le cas d'un prêtre nommé Restitus qui pouvait devenir catatonique et totalement anesthésié. Il revenait ensuite à lui, et au monde des sensations.

font honneur à l'espèce humaine, il m'arrive rarement d'en disputer la vérité.

BORDEU : Il y avait dans une petite ville de Champagne, Langres, un bon curé, appelé le ou de Moni, bien pénétré, bien imbu de la vérité de la religion. Il fut attaqué de la pierre. Il fallut le tailler. Le jour est pris. Le chirurgien, ses aides et moi nous nous rendons chez lui. Il nous reçoit d'un air serein. Il se déshabille. Il se couche. On veut le lier. Il s'y refuse. Placez-moi seulement, dit-il, comme il convient. On le place. Alors il demande un grand crucifix qui était au pied de son lit. On le lui donne. Il le serre entre ses bras. Il y colle sa bouche. On opère. Il reste immobile. Il ne lui échappe ni larmes ni soupirs ; et il était délivré de la pierre qu'il l'ignorait.

Mlle DE L'ESPINASSE : Cela est beau ; et puis doutez après cela que celui à qui l'on brisait les os de la poitrine avec des cailloux, ne vît les cieux ouverts.

BORDEU : Savez-vous ce que c'est que le mal d'oreille ?

Mlle DE L'ESPINASSE : Non.

BORDEU : Tant mieux pour vous. C'est le plus cruel de tous les maux.

Mlle DE L'ESPINASSE : Plus que le mal de dents que je connais malheureusement ?

BORDEU : Sans comparaison. Un philosophe de vos amis en était tourmenté depuis quinze jours, lorsqu'un matin il dit à sa femme : Je ne me sens pas assez de courage pour toute la journée. Il pensa que son unique ressource était de tromper artificiellement la douleur. Peu à peu, il s'enfonça si bien dans une question de métaphysique ou de géométrie qu'il oublia son oreille. On lui servit à manger ; il mangea, sans s'en apercevoir. Il gagna l'heure de son coucher, sans avoir souffert. L'horrible douleur ne le reprit que lorsque la contention d'esprit cessa ; mais ce fut avec une fureur inouïe, soit qu'en effet la fatigue eût irrité le mal, soit que la faiblesse la rendît plus insupportable.

Mlle DE L'ESPINASSE : Au sortir de cet état, on doit en effet être épuisé de lassitude. C'est ce qui arrive quelquefois à cet homme qui est là.

BORDEU : Cela est dangereux. Qu'il y prenne garde.

Mlle DE L'ESPINASSE : Je ne cesse de le lui dire. Mais il n'en tient compte.

BORDEU : Il n'en est plus le maître. C'est sa vie, il faut qu'il en périsse.

Mlle DE L'ESPINASSE : Cette sentence me fait peur.

BORDEU : Que prouvent cet épuisement, cette lassitude ? Que les brins du faisceau ne sont pas restés oisifs, et qu'il y avait dans tout le système une tension violente vers un centre commun.

Mlle DE L'ESPINASSE : Si cette tension ou tendance violente dure, si elle devient habituelle ?

BORDEU : C'est tic de l'origine du faisceau. L'animal est fou, et fou presque sans ressource.

Mlle DE L'ESPINASSE : Et pourquoi ?

BORDEU : C'est qu'il n'en est pas du tic de l'origine, comme du tic d'un des brins. La tête peut bien commander aux pieds, mais non pas le pied à la tête. L'origine à un des brins, mais non pas le brin à l'origine.

Mlle DE L'ESPINASSE : Et la différence, s'il vous plaît ? En effet pourquoi ne pensé-je pas partout ? C'est une question qui aurait dû me venir plus tôt.

BORDEU : C'est que la conscience n'est qu'en un endroit.

Mlle DE L'ESPINASSE : Voilà qui est bientôt dit.

BORDEU : C'est qu'elle ne peut être que dans un endroit, au centre commun de toutes les sensations, là où est la mémoire, là où se font les comparaisons. Chaque brin n'est susceptible que d'un certain nombre déterminé d'impressions, de sensations successives, isolées, sans mémoire. L'origine est susceptible de toutes, elle en est le registre ; elle en garde la mémoire ou une sensation continue, et l'animal est entraîné dès sa formation première à s'y rapporter soi, à s'y fixer tout entier, à y exister.

Mlle DE L'ESPINASSE : Et si mon doigt pouvait avoir de la mémoire...

BORDEU : Votre doigt penserait.

Mlle DE L'ESPINASSE : Et qu'est-ce donc que la mémoire ?

BORDEU : La propriété du centre. Le sens spécifique de l'origine du réseau, comme la vue est la propriété de l'œil ; et il n'est pas plus étonnant que la mémoire ne soit pas dans l'œil, qu'il ne l'est que la vue ne soit pas dans l'oreille.

Mlle DE L'ESPINASSE : Docteur, vous éludez plutôt mes questions que vous n'y satisfaites.

BORDEU : Je n'élude rien, je vous dis ce que je sais ; et j'en saurais davantage, si l'organisation de l'origine du réseau m'était aussi connue que celle de ses brins ; si j'avais eu la même facilité de l'observer. Mais si je suis faible sur les phénomènes particuliers, en revanche, je triomphe sur les phénomènes généraux.

Mlle DE L'ESPINASSE : Et ces phénomènes généraux sont ?

BORDEU : La raison, le jugement, l'imagination, la folie, l'imbécillité, la férocité, l'instinct.

Mlle DE L'ESPINASSE : J'entends. Toutes ces qualités ne sont que des conséquences du rapport originel ou contracté par l'habitude de l'origine du faisceau à ses ramifications.

BORDEU : À merveille. Le principe ou le tronc est-il trop vigoureux relativement aux branches ? De là les poètes, les artistes, les gens à imagination, les hommes pusillanimes, les enthousiastes, les fous. Trop faible ? De là, ce que nous appelons les brutes, les bêtes féroces. Le système entier lâche, mou, sans énergie ? De là les imbéciles. Le système entier énergique, bien d'accord, bien ordonné ? De là, les bons penseurs, les philosophes, les sages.

Mlle DE L'ESPINASSE : Et selon la branche tyrannique qui prédomine, l'instinct qui se diversifie dans les animaux, le génie qui se diversifie dans les hommes ; le chien a l'odorat,

le poisson l'ouïe, l'aigle la vue ; d'Alembert est géomètre ;
Vaucanson[1] machiniste ; Grétry[2] musicien, Voltaire poète ;
effets variés d'un brin du faisceau plus vigoureux en eux
qu'aucun autre, et que le brin semblable dans les êtres de
leur espèce.

BORDEU : Et les habitudes qui subjuguent. Le vieillard qui
aime les femmes ; et Voltaire qui fait encore des tragédies.

*En cet endroit le docteur se mit à rêver et Mlle de L'Espinasse
lui dit :*

Mlle DE L'ESPINASSE : Docteur, vous rêvez.

BORDEU : Il est vrai.

Mlle DE L'ESPINASSE : À quoi rêvez-vous ?

BORDEU : À propos de Voltaire.

Mlle DE L'ESPINASSE : Eh bien ?

BORDEU : Je rêve à la manière dont se font les grands
hommes.

Mlle DE L'ESPINASSE : Et comment se font-ils ?

BORDEU : Comment ? La sensibilité...

Mlle DE L'ESPINASSE : La sensibilité !

BORDEU : Ou l'extrême mobilité de certains filets du
réseau est la qualité dominante des êtres médiocres.

Mlle DE L'ESPINASSE : Ah ! Docteur, quel blasphème...

BORDEU : Je m'y attendais. Mais qu'est-ce qu'un être sensible ? Un être abandonné à la discrétion du diaphragme. Un
mot touchant a-t-il frappé l'oreille ? un phénomène singulier
a-t-il frappé l'œil ? et voilà tout à coup le tumulte intérieur

---

1. Vaucanson (1709-1782) est un ingénieur qui se rendit célèbre
avec ses automates, notamment un canard mécanique sophistiqué qui
donnait l'illusion de manger, de digérer, et d'éliminer la nourriture
et l'eau qu'il avait ingérées, une espèce de canard gourmand qui ne
pouvait que plaire à Diderot.
2. Grétry (1741-1813) est un compositeur qui venait de composer
L'Ingénu ou le Huron, en 1768, adapté du roman que Voltaire avait
publié en 1767.

qui s'élève, tous les brins du faisceau qui s'agitent, le frisson qui se répand, l'horreur qui saisit, les larmes qui coulent, les soupirs qui suffoquent, la voix qui s'interrompt, l'origine du faisceau qui ne sait ce qu'il devient; plus de sang-froid, plus de raison, plus de jugement, plus d'instinct, plus de ressource.

Mlle DE L'ESPINASSE : Je me reconnais.

BORDEU : Le grand homme, s'il a malheureusement reçu cette disposition naturelle, s'occupera sans relâche à l'affaiblir, à la dominer, à se rendre maître de ses mouvements, et à conserver à l'origine du faisceau tout son empire. Alors il se possédera au milieu des plus grands dangers; il jugera froidement, mais sainement. Rien de ce qui peut servir à ses vues, concourir à son but ne lui échappera. On l'étonnera difficilement. Il aura quarante-cinq ans. Il sera grand roi, grand ministre, grand politique, grand artiste, surtout grand comédien, grand philosophe, grand poète, grand musicien, grand médecin. Il régnera sur lui-même et sur tout ce qui l'environne. Il ne craindra pas la mort, peur, comme a dit sublimement le stoïcien, qui est une anse que saisit le robuste pour mener le faible partout où il veut. Il aura cassé l'anse, et se sera en même temps affranchi de toutes les tyrannies du monde. Les êtres sensibles ou les fous sont en scène. Il est au parterre. C'est lui qui est le sage.

Mlle DE L'ESPINASSE : Dieu me garde de la société de ce sage-là.

BORDEU : C'est pour n'avoir pas travaillé à lui ressembler que vous aurez alternativement des peines et des plaisirs violents; que vous passerez votre vie à rire et à pleurer. Et que vous ne serez jamais qu'un enfant.

Mlle DE L'ESPINASSE : Je m'y résous.

BORDEU : Et vous espérez en être plus heureuse?

Mlle DE L'ESPINASSE : Je n'en sais rien.

BORDEU : Mademoiselle, cette qualité si prisée qui ne conduit à rien de grand ne s'exerce presque jamais fortement sans douleur, ou faiblement sans ennui ; ou l'on bâille ou l'on est ivre. Vous vous prêtez sans mesure à la sensation d'une musique délicieuse ; vous vous laissez entraîner au charme d'une scène pathétique ; votre diaphragme se serre. Le plaisir est passé, et il ne vous reste qu'un étouffement qui dure toute la soirée.

Mlle DE L'ESPINASSE : Mais si je ne puis jouir de la musique sublime ni de la scène touchante qu'à cette condition ?

BORDEU : Erreur. Je sais jouir aussi. Je sais admirer ; et je ne souffre jamais, si ce n'est de la colique. J'ai du plaisir pur. Ma censure en est beaucoup plus sévère ; mon éloge plus flatteur et plus réfléchi. Est-ce qu'il y a une mauvaise tragédie pour des âmes aussi mobiles que la vôtre ? Combien de fois n'avez-vous pas rougi, à la lecture, des transports que vous aviez éprouvés au spectacle, et réciproquement ?

Mlle DE L'ESPINASSE : Cela m'est arrivé.

BORDEU : Ce n'est donc pas à l'être sensible comme vous, c'est à l'être tranquille et froid comme moi qu'il appartient de dire : Cela est vrai, cela est bon, cela est beau. Fortifions l'origine du réseau ; c'est tout ce que nous avons de mieux à faire. Savez-vous qu'il y va de la vie ?

Mlle DE L'ESPINASSE : De la vie ! Docteur, cela est grave.

BORDEU : Oui, de la vie. Il n'est personne qui n'en ait eu quelquefois le dégoût. Un seul événement suffit pour rendre cette sensation involontaire et habituelle. Alors, en dépit des distractions, de la variété des amusements, des conseils des amis, de ses propres efforts, les brins portent opiniâtrement des secousses funestes à l'origine du faisceau ; le malheureux a beau se débattre, le spectacle de l'univers se noircit pour lui ; il marche avec un cortège d'idées lugubres qui ne le quittent point ; et il finit par se délivrer de lui-même.

Mlle DE L'ESPINASSE : Docteur, vous me faites peur.

D'ALEMBERT, *levé, en robe de chambre et en bonnet de nuit* : Et du sommeil, Docteur, qu'en dites-vous ? C'est une bonne chose.

BORDEU : Le sommeil, cet état où, soit lassitude, soit habitude, tout le réseau se relâche et reste immobile, où, comme dans la maladie, chaque filet du réseau s'agite, se meut, transmet à l'origine commune une foule de sensations souvent disparates, décousues, troublées, d'autres fois si liées, si suivies, si bien ordonnées que l'homme éveillé n'aurait ni plus de raison, ni plus d'éloquence, ni plus d'imagination, quelquefois si violentes, si vives que l'homme éveillé reste incertain sur la réalité de la chose...

Mlle DE L'ESPINASSE : Eh bien, le sommeil ?

BORDEU : Est un état de l'animal où il n'y a plus d'ensemble ; tout concert, toute subordination cesse. Le maître est abandonné à la discrétion de ses vassaux, et à l'énergie effrénée de sa propre activité. Le fil optique s'est-il agité, l'origine du réseau voit ; il entend, si c'est le fil auditif qui le sollicite. L'action et la réaction sont les seules choses qui subsistent entre eux. C'est une conséquence de la propriété centrale, de la loi de continuité et de l'habitude. Si l'action commence par le brin voluptueux que la nature a destiné au plaisir de l'amour, et à la propagation de l'espèce, l'image réveillée de l'objet aimé sera l'effet de la réaction à l'origine du faisceau. Si cette image au contraire se réveille d'abord à l'origine du faisceau, la tension du brin voluptueux, l'effervescence et l'effusion du fluide séminal seront les suites de la réaction.

D'ALEMBERT : Ainsi il y a le rêve en montant, et le rêve en descendant. J'en ai eu un de ceux-là cette nuit ; pour le chemin qu'il a pris je l'ignore.

BORDEU : Dans la veille, le réseau obéit aux impressions de l'objet extérieur. Dans le sommeil, c'est de l'exercice de sa propre sensibilité qu'émane tout ce qui se passe en lui. Il n'y a point de distraction dans le rêve. De là sa vivacité. C'est presque toujours la suite d'un éréthisme, un accès passager de maladie. L'origine du réseau y est alternativement active et passive d'une infinité de manières ; de là son désordre. Les concepts y sont quelquefois aussi liés, aussi distincts que dans l'animal exposé au spectacle de la nature. Ce n'est que le tableau de ce spectacle réexcité. De là, sa vérité ; de là l'impossibilité de le discerner de l'état de veille. Nulle probabilité d'un de ces états plutôt que de l'autre. Nul moyen de reconnaître l'erreur que l'expérience.

Mlle DE L'ESPINASSE : Et l'expérience, se peut-elle toujours ?

BORDEU : Non.

Mlle DE L'ESPINASSE : Si le rêve m'offre le spectre d'un ami que j'ai perdu, et me l'offre aussi vrai que si cet ami existait ; s'il me parle et que je l'entende ; si je le touche et qu'il fasse l'impression de la solidité sur mes mains ; si à mon réveil, j'ai l'âme pleine de tendresse, et de douleur, et mes yeux inondés de larmes ; si mes bras sont encore portés vers l'endroit où il m'est apparu, qui me répondra que je ne l'ai pas vu, entendu, touché réellement ?

BORDEU : Son absence. Mais s'il est impossible de discerner la veille du sommeil, qui est-ce qui en apprécie la durée ? Tranquille, c'est un intervalle étouffé entre le moment du coucher et celui du lever. Trouble, il dure quelquefois des années. Dans le premier cas du moins, la conscience du soi cesse entièrement. Un rêve qu'on n'a jamais fait et qu'on ne fera jamais, me le diriez-vous bien ?

Mlle DE L'ESPINASSE : Oui, c'est qu'on est un autre.

D'ALEMBERT : Et dans le second cas, on n'a pas seulement la conscience du soi, mais on a encore celle de sa volonté et de sa liberté. Qu'est-ce que cette liberté, qu'est-ce que cette volonté de l'homme qui rêve ?

BORDEU : Qu'est-ce ? c'est la même que celle de l'homme qui veille : la dernière impulsion du désir et de l'aversion ; le dernier résultat de tout ce qu'on a été depuis sa naissance, jusqu'au moment où l'on est ; et je défie l'esprit le plus délié d'y apercevoir la moindre différence.

D'ALEMBERT : Vous croyez ?

BORDEU : Et c'est vous qui me faites cette question ! vous

qui, livré à des spéculations profondes, avez passé les deux tiers de votre vie à rêver les yeux ouverts, et à agir sans vouloir. Oui, sans vouloir, bien moins que dans votre rêve. Dans votre rêve, vous commandiez, vous ordonniez, on vous obéissait, vous étiez mécontent ou satisfait, vous éprouviez de la contradiction, vous trouviez des obstacles, vous vous irritiez, vous aimiez, vous haïssiez, vous blâmiez, vous approuviez, vous riiez, vous pleuriez, vous alliez, vous veniez. Dans le cours de vos méditations, à peine vos yeux s'ouvraient le matin que, ressaisi de l'idée qui vous avait occupé la veille, vous vous vêtiez, vous vous asseyiez à votre table, vous méditiez, vous traciez des figures, vous suiviez des calculs, vous dîniez, vous repreniez vos combinaisons, quelquefois vous quittiez la table pour les vérifier, vous parliez à d'autres, vous donniez des ordres à votre domestique, vous soupiez, vous vous couchiez, vous vous endormiez sans avoir fait le moindre acte de volonté. Vous n'avez été qu'un point. Vous avez agi, mais vous n'avez pas voulu. Est-ce qu'on veut de soi? La volonté naît toujours de quelque motif intérieur ou extérieur, de quelque impression présente; de quelque réminiscence du passé; de quelque passion, de quelque projet dans l'avenir. Après cela, je ne vous dirai de la liberté qu'un mot, c'est que la dernière de nos actions est l'effet nécessaire d'une cause une, nous, très compliquée, mais une.

Mlle DE L'ESPINASSE : Nécessaire?

BORDEU : Sans doute. Tâchez de concevoir la production d'une autre action, en supposant que l'être agissant soit le même.

Mlle DE L'ESPINASSE : Il a raison. Puisque j'agis ainsi, celui qui peut agir autrement n'est plus moi; et assurer qu'au moment où je fais ou dis une chose j'en puis dire ou faire une autre, c'est assurer que je suis moi et que je suis un autre. Mais, Docteur, et le vice et la vertu? La vertu, ce mot si saint dans toutes les langues, cette idée si sacrée chez toutes les nations !

Mlle DE L'ESPINASSE : Et l'estime de soi ? et la honte ? et le remords ?

BORDEU : Il faut le transformer en celui de bienfaisance, et son opposé en celui de malfaisance. On est heureusement ou malheureusement né. On est irrésistiblement entraîné par le torrent général qui conduit l'un à la gloire, l'autre à l'ignominie.

Mlle DE L'ESPINASSE : Et l'estime de soi ? et la honte ? et le remords ?

BORDEU : Puérilité fondée sur l'ignorance et la vanité d'un être qui s'impute à lui-même le mérite ou le démérite d'un instant nécessaire.

Mlle DE L'ESPINASSE : Et les récompenses et les châtiments ?

BORDEU : Des moyens de corriger l'être modifiable qu'on appelle méchant et d'encourager celui qu'on appelle bon.

Mlle DE L'ESPINASSE : Et toute cette doctrine n'a-t-elle rien de dangereux ?

BORDEU : Est-elle vraie ? ou est-elle fausse ?

Mlle DE L'ESPINASSE : Je la crois vraie.

BORDEU : C'est-à-dire que vous pensez que le mensonge a ses avantages et la vérité ses inconvénients.

Mlle DE L'ESPINASSE : Je le pense.

BORDEU : Et moi aussi. Mais les avantages du mensonge sont d'un moment ; et ceux de la vérité sont éternels. Mais les suites fâcheuses de la vérité, quand elle en a, passent vite, et celles du mensonge ne finissent qu'avec lui. Examinez les effets du mensonge dans la tête de l'homme, et ses effets dans sa conduite. Dans sa tête, où le mensonge s'est lié, tellement quellement, avec la vérité, et la tête est fausse, ou il est bien et conséquemment lié avec le mensonge et la tête est erronée. Or quelle conduite pouvez-vous attendre d'une tête ou inconséquente dans ses raisonnements, ou conséquente dans ses erreurs ?

Mlle DE L'ESPINASSE : Le dernier de ces vices, moins méprisable, est peut-être plus à redouter que le premier.

D'ALEMBERT : Fort bien : voilà donc tout ramené à de la sensibilité, de la mémoire, des mouvements organiques. Cela me convient assez. Mais l'imagination ? mais les abstractions ?

BORDEU : L'imagination...

Mlle DE L'ESPINASSE : Un moment, Docteur ; récapitulons. D'après vos principes, il me semble que, par suite d'opérations purement mécaniques, je réduirais le premier génie de la terre, à une masse de chair inorganisée, à laquelle on ne laisserait que la sensibilité du moment, et que l'on ramènerait cette masse informe de l'état de stupidité le plus profond qu'on puisse imaginer, à la condition de l'homme de génie. L'un de ces deux phénomènes consisterait à mutiler l'écheveau primitif, d'un certain nombre de ses brins, et à bien brouiller le reste. Et le phénomène inverse, à restituer à l'écheveau les brins qu'on en aurait détachés et à abandonner le tout à un heureux développement. Exemple : J'ôte à Newton [1] les deux brins auditifs, et plus de sensations de sons ; les brins olfactifs, et plus de sensations d'odeurs ; les brins optiques, et plus de sensations de couleurs ; les brins palatins, et plus de sensations de saveurs ; je supprime ou brouille les autres, et adieu l'organisation du cerveau, la mémoire, le jugement, les désirs, les aversions, les passions, la volonté, la conscience du soi. Et voilà une masse informe qui n'a retenu que la vie et la sensibilité.

BORDEU : Deux qualités presque identiques ; la vie est de l'agrégat, la sensibilité est de l'élément.

Mlle DE L'ESPINASSE : Je reprends cette masse, et je lui restitue les brins olfactifs, elle flaire ; les brins auditifs, et elle entend ; les brins optiques, et elle voit ; les brins palatins, et

---

1. Isaac Newton (1643-1727) est un mathématicien, un physicien, un astronome anglais (autrement dit un philosophe) qui se rendit célèbre par sa théorie de la gravitation et ses *Principes mathématiques de la philosophie naturelle* (1686), traduits en français en 1756.

elle goûte. En démêlant le reste de l'écheveau, je permets aux autres brins de se développer ; et je vois renaître la mémoire, les comparaisons, le jugement, la raison, les désirs, les aversions, les passions, l'aptitude naturelle, le talent, et je retrouve mon homme de génie ; et cela, sans l'entremise d'aucun agent hétérogène et inintelligible.

BORDEU : À merveille. Tenez-vous-en là, le reste n'est que du galimatias... Mais les abstractions ? mais l'imagination ? L'imagination, c'est la mémoire des formes et des couleurs. Le spectacle d'une scène, d'un objet, monte nécessairement l'instrument sensible d'une certaine manière. Il se remonte ou de lui-même, ou il est remonté par quelque cause étrangère. Alors il frémit au-dedans, ou il résonne au-dehors. Il se recorde[1] en silence les impressions qu'il a reçues, ou il les fait éclater par des sons convenus.

D'ALEMBERT : Mais son récit exagère, omet des circonstances, en ajoute, défigure le fait ou l'embellit ; et les instruments sensibles adjacents conçoivent des impressions qui sont bien celles de l'instrument qui résonne, mais non celle de la chose qui s'est passée.

BORDEU : Il est vrai. Le récit est historique ou poétique.

D'ALEMBERT : Mais comment s'introduit cette poésie ou ce mensonge dans le récit ?

BORDEU : Par les idées qui se réveillent les unes les autres, et elles se réveillent parce qu'elles ont toujours été liées. Si vous avez pris la liberté de comparer l'animal à un clavecin, vous me permettrez bien de comparer le récit du poète au chant.

D'ALEMBERT : Cela est juste.

BORDEU : Il y a dans tout chant une gamme. Cette gamme a ses intervalles. Chacune de ses cordes a ses harmoniques, et ces harmoniques ont les leurs. C'est ainsi qu'il s'introduit

---

1. Recorder signifie répéter, se rappeler.

des modulations de passage dans la mélodie, et que le chant s'enrichit, et s'étend. Le fait est un motif donné que chaque musicien sent à sa guise.

Mlle DE L'ESPINASSE : Et pourquoi embrouiller la question par ce style figuré ? Je dirais que chacun ayant ses yeux, chacun voit et raconte diversement. Je dirais que chaque idée en réveille d'autres, et que selon son tour de tête ou son caractère, on s'en tient aux idées qui représentent le fait rigoureusement, ou l'on y introduit les idées réveillées ; je dirais qu'entre ces idées, il y a du choix ; je dirais... que ce seul sujet traité à fond fournirait un livre.

D'ALEMBERT : Vous avez raison ; ce qui ne m'empêchera pas de demander au docteur s'il est bien persuadé qu'une forme qui ne ressemblerait à rien ne s'engendrerait jamais dans l'imagination, et ne se produirait point dans le récit.

BORDEU : Je le crois. Tout le délire de cette faculté se réduit au talent de ces charlatans qui, de plusieurs animaux dépecés, en composent un bizarre qu'on n'a jamais vu en nature.

D'ALEMBERT : Et les abstractions ?

BORDEU : Il n'y en a point. Il n'y a que des réticences habituelles, des ellipses qui rendent les propositions plus générales et le langage plus rapide et plus commode. Ce sont les signes du langage qui ont donné naissance aux sciences abstraites. Une qualité commune à plusieurs actions a engendré les mots vice et vertu. Une qualité commune à plusieurs êtres a engendré les mots laideur et beauté. On a dit un homme, un cheval, deux animaux ; ensuite on a dit un, deux, trois, et toute la science des nombres a pris naissance. On n'a nulle idée d'un mot abstrait. On a remarqué dans tous les corps, trois dimensions, la longueur, la largeur, la profondeur ; on s'est occupé de chacune de ces dimensions, et de là toutes les sciences mathématiques. Toute abstraction n'est qu'un signe vide d'idée. Toute science abstraite n'est qu'une combinaison de signes. On a exclu l'idée, en séparant le signe de l'objet physique ; et ce n'est qu'en rattachant le signe à l'objet physique que la science redevient une science d'idées. De là, le besoin si fréquent dans la conversation, dans les ouvrages, d'en venir à des exemples ; lorsque, après une longue combinaison de signes, vous demandez un exemple, vous n'exigez autre chose de celui qui parle, sinon de donner du corps, de la forme, de la réalité, de l'idée, au bruit successif de ses accents, en y appliquant des sensations éprouvées.

D'ALEMBERT : Cela est-il bien clair pour vous, mademoiselle ?

Mlle DE L'ESPINASSE : Pas infiniment, mais le docteur va s'expliquer.

BORDEU : Cela vous plaît à dire. Ce n'est pas qu'il n'y ait peut-être quelque chose à rectifier et beaucoup à ajouter à ce que j'ai dit ; mais il est onze heures et demie... et j'ai à midi une consultation au Marais.

D'ALEMBERT : Le langage plus rapide et plus commode ! Docteur, est-ce qu'on s'entend ? est-ce qu'on est entendu ?

BORDEU : Presque toutes les conversations sont des comptes faits... Je ne sais plus où est ma canne... On n'y a aucune idée présente à l'esprit... Et mon chapeau... Et par la raison seule qu'aucun homme ne ressemble parfaitement à un autre nous n'entendons jamais précisément, nous ne sommes jamais précisément entendus. Il y a du plus ou du moins en tout. Notre discours est toujours en deçà ou au-delà de la sensation. On aperçoit bien de la diversité dans les jugements, il y en a mille fois davantage qu'on n'aperçoit pas et qu'heureusement on ne saurait apercevoir... Adieu. Adieu.

Mlle DE L'ESPINASSE : Encore un mot, de grâce.

BORDEU : Dites donc vite.

Mlle DE L'ESPINASSE : Vous souvenez-vous de ces sauts dont vous m'avez parlé ?

BORDEU : Oui.

Mlle DE L'ESPINASSE : Croyez-vous que les sots et les gens d'esprit aient de ces sauts-là dans les races ?

BORDEU : Pourquoi non ?

Mlle DE L'ESPINASSE : Tant mieux pour nos arrière-neveux ; peut-être reviendra-t-il un Henri IV.

BORDEU : Peut-être est-il tout revenu.

Mlle DE L'ESPINASSE : Docteur, vous devriez venir dîner avec nous.

BORDEU : Je ferai ce que je pourrai ; je ne promets pas. Vous me prendrez, si je viens.

Mlle DE L'ESPINASSE : Nous vous attendrons jusqu'à deux heures.

BORDEU : J'y consens.

Suite de l'entretien précédent

Interlocuteurs

Mlle DE L'ESPINASSE, BORDEU

Sur les deux heures le docteur revint. D'Alembert était allé dîner dehors; et le docteur se trouva en tête-à-tête avec Mlle de L'Espinasse. On servit. Ils parlèrent de choses assez indifférentes jusqu'au dessert; mais lorsque les domestiques furent éloignés, Mlle de L'Espinasse dit au docteur :

Mlle DE L'ESPINASSE : Allons, Docteur, buvez un verre de malaga, et vous me répondrez ensuite à une question qui m'a passé cent fois par la tête et que je n'oserais faire qu'à vous.

BORDEU : Il est excellent ce malaga... Et votre question ?

Mlle DE L'ESPINASSE : Que pensez-vous du mélange des espèces ?

BORDEU : Ma foi, la question est bonne aussi. Je pense que les hommes ont mis beaucoup d'importance à l'acte de la génération, et qu'ils ont eu raison; mais je suis mécontent de leurs lois tant civiles que religieuses.

Mlle DE L'ESPINASSE : Et qu'y trouvez-vous à redire ?

BORDEU : Qu'on les a faites sans équité, sans but, et

sans aucun égard à la nature des choses et à l'utilité publique.

Mlle DE L'ESPINASSE : Tâchez de vous expliquer.

BORDEU : C'est mon dessein... Mais attendez... *Il regarde à sa montre.* J'ai encore une bonne heure à vous donner. J'irai vite, et cela nous suffira... Nous sommes seuls. Vous n'êtes pas une bégueule. Vous n'imaginerez pas que je veuille manquer au respect que je vous dois ; et quel que soit le jugement que vous portiez de mes idées, j'espère de mon côté que vous n'en conclurez rien contre l'honnêteté de mes mœurs.

Mlle DE L'ESPINASSE : Très assurément ; mais votre début me chiffonne.

BORDEU : En ce cas changeons de propos.

Mlle DE L'ESPINASSE : Non, non, allez votre train. Un de vos amis qui nous cherchait des époux à moi et à mes deux sœurs, donnait un sylphe à la cadette, un grand ange d'annonciation à l'aînée, et à moi un disciple de Diogène[1]. Il nous connaissait bien toutes trois. Cependant, Docteur, de la gaze, un peu de gaze.

BORDEU : Cela va sans dire, autant que le sujet et mon état en comportent.

Mlle DE L'ESPINASSE : Cela ne vous mettra pas en frais... Mais voilà votre café... prenez votre café...

BORDEU, *après avoir pris son café* : Votre question est de physique, de morale et de poétique.

Mlle DE L'ESPINASSE : De poétique !

BORDEU : Sans doute. L'art de créer des êtres qui ne sont pas, à l'imitation de ceux qui sont, est de la vraie poésie.

---

1. Diogène de Sinope (413-327 av. J.-C.) est le plus célèbre disciple du fondateur de l'école cynique, Antisthène. Sa philosophie repose sur l'indifférence à l'égard des conventions comme des richesses matérielles. On raconte qu'il préconisait la masturbation lorsqu'on lui demandait comment s'émanciper des passions. Évidemment, le cynisme faisait scandale.

Cette fois-ci, au lieu d'Hippocrate[1], vous me permettrez donc de citer Horace[2]. Ce poète ou faiseur dit quelque part : *Omne tulit punctum, qui miscuit utile dulci.* Le mérite suprême est d'avoir réuni l'agréable à l'utile. La perfection consiste à concilier ces deux points. L'action agréable et utile doit occuper la première place dans l'ordre esthétique ; nous ne pouvons refuser la seconde à l'utile. La troisième sera pour l'agréable ; et nous reléguerons au rang infime celle qui ne rend ni plaisir ni profit.

Mlle DE L'ESPINASSE : Jusque-là je puis être de votre avis, sans rougir ; où cela nous mènera-t-il ?

BORDEU : Vous l'allez voir. Mademoiselle, pourriez-vous m'apprendre quel profit ou quel plaisir la chasteté et la continence rigoureuse rendent soit à l'individu qui les pratique soit à la société ?

Mlle DE L'ESPINASSE : Ma foi, aucun.

BORDEU : Donc en dépit des magnifiques éloges que le fanatisme leur a prodigués, en dépit des lois civiles qui les protègent, nous les rayerons du catalogue des vertus. Et nous conviendrons qu'il n'y a rien de si puéril, de si ridicule, de si absurde, de si nuisible, de si méprisable, rien de pire, à l'exception du mal positif, que ces deux rares qualités.

Mlle DE L'ESPINASSE : On peut accorder cela.

BORDEU : Prenez-y garde ; je vous en préviens. Tout à l'heure vous reculerez.

Mlle DE L'ESPINASSE : Nous ne reculons jamais.

BORDEU : Et les actions solitaires ?

Mlle DE L'ESPINASSE : Eh bien ?

---

1. « J'exercerai mon art dans l'innocence et la pureté » affirmait le Grec Hippocrate (460-356 av. J.-C.), dans le serment qui codifia la pratique médicale.

2. Horace (65-8 av. J.-C.) est l'un des plus fameux poètes latins. Il est l'auteur d'une œuvre abondante : *Odes, Satires, Épodes, Épîtres,* et de la célèbre formule *carpe diem,* « cueille le jour ».

BORDEU. — Eh bien ? elles rendent du moins du plaisir à l'individu, et notre principe est faux, ou...

Mlle DE L'ESPINASSE : Quoi, Docteur ?

BORDEU : Oui, Mademoiselle, oui ; et par la raison qu'elles sont aussi indifférentes et qu'elles ne sont pas aussi stériles. C'est un besoin ; et quand on n'y serait pas sollicité par le besoin, c'est toujours une chose douce. Je veux qu'on se porte bien, je le veux absolument, entendez-vous ? Je blâme tout excès ; mais dans un état de société tel que le nôtre, il y a cent considérations raisonnables pour une, sans compter le tempérament, et les suites funestes d'une continence rigoureuse, surtout pour les jeunes personnes, le peu de fortune, la crainte parmi les hommes d'un repentir cuisant, chez les femmes celle du déshonneur, qui réduisent une malheureuse créature qui périt de langueur et d'ennui, un pauvre diable qui ne sait à qui s'adresser, à s'expédier à la façon du cynique. Caton qui disait à un jeune homme sur le point d'entrer chez une courtisane : Courage, mon fils, lui tiendrait-il le même propos aujourd'hui ? S'il le surprenait au contraire, seul, en flagrant délit, n'ajouterait-il pas : cela est mieux que de corrompre la femme d'autrui ou que d'exposer son honneur et sa santé ? Et quoi, parce que les circonstances me privent du plus grand bonheur qu'on puisse imaginer, celui de confondre mes sens avec les sens, mon ivresse avec l'ivresse, mon âme avec l'âme d'une compagne que mon cœur se choisirait, et de me reproduire en elle et avec elle, parce que je ne puis consacrer mon action par le sceau de l'utilité, je m'interdirai un instant nécessaire et délicieux ! On se fait saigner dans la pléthore [1] ; et qu'importe la nature de l'humeur surabondante, et sa couleur, et la manière de s'en délivrer ? Elle est tout aussi superflue dans une de ces indispositions

---

1. Terme de médecine qui renvoie à une surabondance de sang et d'humeurs telle qu'il faut pratiquer la saignée.

que dans l'autre ; et si, repompée de ses réservoirs, distribuée dans toute la machine, elle s'évacue par une autre voie plus longue, plus pénible et dangereuse, en sera-t-elle moins perdue ? La nature ne souffre rien d'inutile. Et comment serais-je coupable de l'aider, lorsqu'elle appelle mon secours par les symptômes les moins équivoques ? Ne la provoquons jamais ; mais prêtons-lui la main dans l'occasion. Je ne vois au refus et à l'oisiveté que de la sottise et du plaisir manqué. Vivez sobre, me dira-t-on. Excédez-vous de fatigue. Je vous entends. Que je me prive d'un plaisir, que je me donne de la peine pour éloigner un autre plaisir. Bien imaginé !

Mlle DE L'ESPINASSE : Voilà une doctrine qui n'est pas bonne à prêcher aux enfants.

BORDEU : Ni aux autres. Cependant me permettrez-vous une supposition ? Vous avez une fille sage, trop sage, innocente, trop innocente. Elle est dans l'âge où le tempérament se développe. Sa tête s'embarrasse ; la nature ne la secourt point. Vous m'appelez. Je m'aperçois tout à coup que tous les symptômes qui vous effraient, naissent de la surabondance et de la rétention du fluide séminal. Je vous avertis qu'elle est menacée d'une folie qu'il est facile de prévenir et qui quelquefois est impossible à guérir. Je vous en indique le remède. Que ferez-vous ?

Mlle DE L'ESPINASSE : À vous parler vrai, je crois... mais ce cas n'arrive point...

BORDEU : Détrompez-vous. Il n'est pas rare, et il serait fréquent, si la licence de nos mœurs n'y obviait... Quoi qu'il en soit, ce serait fouler aux pieds toute décence, attirer sur moi les soupçons les plus odieux, et commettre un crime de lèse-société, que de divulguer ces principes. Vous rêvez ?

Mlle DE L'ESPINASSE : Oui. Je balançais à vous demander, s'il vous était jamais arrivé d'avoir une pareille confidence à faire à des mères.

BORDEU : Assurément.

Mlle DE L'ESPINASSE : Et quel parti ces mères ont-elles pris ?

BORDEU : Toutes sans exception, le bon parti, le parti sensé... Je n'ôterais pas mon chapeau dans la rue à l'homme suspecté de pratiquer ma doctrine : il me suffirait qu'on l'appelât un infâme. Mais nous causons sans témoins et sans conséquence ; et je vous dirai de ma philosophie ce que Diogène tout nu disait au jeune et pudique Athénien contre lequel il se préparait à lutter : Mon fils, ne crains rien ; je ne suis pas si méchant que celui-là.

Mlle DE L'ESPINASSE, *en se couvrant les yeux* : Docteur, je vous vois arriver, et je gage.

BORDEU : Je ne gage pas ; vous gagneriez. Oui, Mademoiselle, c'est mon avis.

Mlle DE L'ESPINASSE : Comment ! soit qu'on se renferme dans l'enceinte de son espèce, soit qu'on en sorte ?

BORDEU : Il est vrai.

Mlle DE L'ESPINASSE : Vous êtes monstrueux.

BORDEU : Ce n'est pas moi, c'est la nature ou la société. Écoutez, Mademoiselle, je ne m'en laisse point imposer par des mots ; et je m'explique d'autant plus librement que je suis net et que la pureté de mes mœurs ne laisse prise d'aucun côté. Je vous demanderai donc, de deux actions également restreintes à la volupté, qui ne peuvent rendre que du plaisir, sans utilité, mais dont l'une n'en rend qu'à celui qui la fait et l'autre le partage avec un être semblable mâle ou femelle, car le sexe ici, ni même l'emploi du sexe n'y fait rien, en faveur de laquelle le sens commun prononcera-t-il ?

Mlle DE L'ESPINASSE : Ces questions-là sont trop sublimes pour moi.

BORDEU : Ah ! après avoir été un homme pendant quatre minutes, voilà que vous reprenez votre cornette et vos cotillons et que vous redevenez femme. À la bonne heure. Eh bien ! Il faut vous traiter comme telle... Voilà qui est fait, on ne dit plus mot de Madame Du Barry[1]... Vous voyez, tout s'arrange. On croyait que la cour allait être bouleversée. Le maître a fait en homme sensé. *Omne tulit punctum.* Il a gardé la femme qui lui fait plaisir et le ministre qui lui est utile... Mais vous ne m'écoutez pas... Où en êtes-vous?

Mlle DE L'ESPINASSE : J'en suis à ces combinaisons qui me semblent toutes contre nature.

BORDEU : Tout ce qui est ne peut être ni contre nature ni hors de nature. Je n'en excepte même pas la chasteté et la continence volontaires qui seraient les premiers des crimes contre nature, si l'on pouvait pécher contre nature, et les premiers des crimes contre les lois sociales d'un pays où l'on pèserait les actions dans une autre balance que celle du fanatisme et du préjugé.

Mlle DE L'ESPINASSE : Je reviens sur vos maudits syllogismes, et je n'y vois point de milieu; il faut ou tout nier ou tout accorder... Mais tenez, Docteur, le plus honnête et le plus court est de sauter par-dessus le bourbier et d'en revenir à ma première question : Que pensez-vous du mélange des espèces?

BORDEU : Il n'y a point à sauter pour cela. Nous y étions. Votre question est-elle de physique ou de morale?

Mlle DE L'ESPINASSE : De physique, de physique.

BORDEU : Tant mieux. La question de morale marchait la première, et vous la décidez. Ainsi donc...

Mlle DE L'ESPINASSE : D'accord... sans doute c'est un préliminaire... mais je voudrais... que vous séparassiez la cause de l'effet. Laissons la vilaine cause de côté.

BORDEU : C'est m'ordonner de commencer par la fin; mais puisque vous le voulez, je vous dirai que, grâce à notre pusillanimité, à nos répugnances, à nos lois, à nos préjugés,

---

1. Mme Du Barry (1743-1793), la maîtresse de Louis XV, avait demandé le départ de Choiseul, que le roi garda à son service. Bordeu était le médecin de Mme Du Barry.

il y a très peu d'expériences faites; qu'on ignore quelles seraient les copulations tout à fait infructueuses; les cas où l'utile se réunirait à l'agréable; quelles sortes d'espèces on se pourrait promettre de tentatives variées et suivies; si les faunes sont réels ou fabuleux; si l'on ne multiplierait pas en cent façons diverses les races de mulets; et si celles que nous connaissons sont vraiment stériles. Mais un fait singulier qu'une infinité de gens instruits vous attesteront comme vrai, et qui est faux, c'est qu'ils ont vu dans la basse-cour de l'archiduc un infâme lapin qui servait de coq à une vingtaine de poules infâmes qui s'en accommodaient. Ils ajouteront qu'on leur a montré des poulets couverts de poils et provenus de cette bestialité. Croyez qu'on s'est moqué d'eux.

Mlle DE L'ESPINASSE : Mais qu'entendez-vous par des tentatives suivies ?

BORDEU : J'entends que la circulation des êtres est graduelle, que les assimilations des êtres veulent être préparées, et que pour réussir dans ces sortes d'expériences, il faudrait s'y prendre de loin et travailler d'abord à rapprocher les animaux par un régime analogue.

Mlle DE L'ESPINASSE : On réduira difficilement un homme à brouter.

BORDEU : Mais non à prendre souvent du lait de chèvre; et l'on amènera facilement la chèvre à se nourrir de pain. J'ai choisi la chèvre par des considérations qui me sont particulières.

Mlle DE L'ESPINASSE : Et ces considérations ?

BORDEU : Vous êtes bien hardie... C'est que... c'est que nous en tirerions une race vigoureuse, intelligente, infatigable et véloce dont nous ferions d'excellents domestiques.

Mlle DE L'ESPINASSE : Fort bien, Docteur. Il me semble déjà que je vois derrière la voiture de nos duchesses cinq à six grands insolents chèvre-pieds; et cela me réjouit.

BORDEU : C'est que nous ne dégraderions plus nos frères

en les assujettissant à des fonctions indignes d'eux et de nous.

Mlle DE L'ESPINASSE : Encore mieux.

BORDEU : C'est que nous ne réduirions plus l'homme dans nos colonies, à la condition de la bête de somme.

Mlle DE L'ESPINASSE : Vite, vite, Docteur ; mettez-vous à la besogne, et faites-nous des chèvre-pieds.

BORDEU : Et vous le permettez sans scrupule ?

Mlle DE L'ESPINASSE : Mais arrêtez, il m'en vient un. Vos chèvre-pieds seraient d'effrénés dissolus.

BORDEU : Je ne vous les garantis pas bien moraux.

Mlle DE L'ESPINASSE : Il n'y aura plus de sûreté pour les femmes honnêtes. Ils multiplieront sans fin. À la longue il faudra les assommer ou leur obéir. Je n'en veux plus. Je n'en veux plus. Tenez-vous en repos.

BORDEU, *en s'en allant* : Et la question de leur baptême ?

Mlle DE L'ESPINASSE : Ferait un beau charivari en Sorbonne.

BORDEU : Avez-vous vu au Jardin du Roi, sous une cage de verre, un orang-outang qui a l'air d'un saint Jean qui prêche au désert ?

Mlle DE L'ESPINASSE : Oui, je l'ai vu.

BORDEU : Le cardinal de Polignac [1] lui disait un jour : Parle et je te baptise.

Mlle DE L'ESPINASSE : Adieu donc, Docteur. Ne nous délaissez pas des siècles, comme vous faites ; et pensez quelquefois que je vous aime à la folie. Si l'on savait tout ce que vous m'avez conté d'horreurs !

BORDEU : Je suis bien sûr que vous vous en tairez.

Mlle DE L'ESPINASSE : Ne vous y fiez pas, je n'écoute que

---

1. À la suite de Descartes, qui faisait du langage une faculté spécifique de l'homme dérivée de sa rationalité, Melchior de Polignac (1661-1742) met en doute l'idée selon laquelle on pourrait apprendre à parler aux animaux.

pour le plaisir de redire. Mais encore un mot, et je n'y reviens de ma vie.

BORDEU : Qu'est-ce ?

Mlle DE L'ESPINASSE : Ces goûts abominables, d'où viennent-ils ?

BORDEU : Partout d'une pauvreté d'organisation dans les jeunes gens, et de la corruption de la tête dans les vieillards. De l'attrait de la beauté dans Athènes, de la disette des femmes dans Rome, de la crainte de la vérole à Paris. Adieu. Adieu.

De la photographie

au texte

Christine Cadot

De la photographie
au texte

Peau rouge (Standing Bear)
de Roland Bonaparte

… une classification des « races » opérée au XIXᵉ siècle…

Cette photographie d'un Indien Omaha, prise au Jardin d'acclimatation en 1883, ne doit pas relier directement la pensée de Diderot à une classification des « races » qui sera opérée au XIXᵉ siècle par les anthropologues physiques. Lorsqu'une discussion sur l'inégalité naturelle entre les races est amorcée dans les écrits des Lumières, chez Voltaire ou encore chez les naturalistes Buffon ou Linné, elle est le plus souvent reliée à des considérations sur l'influence des différents climats sur la vertu des peuples. Mais si Diderot s'empresse de combattre, dans son *Apologie de Galiani*, au nom du matérialisme et de l'égalité républicaine, la justification de l'inégalité contenue dans la doctrine physiocrate, qui enfermait la société dans un carcan très rigide composé de trois classes économiques (propriétaires, marchands et paysans), il nous est cependant possible d'identifier les brèches par lesquelles les anthropologues racialistes s'engouffreront dès le premier tiers du XIXᵉ siècle. « L'idée de l'égalité intellectuelle de tous les hommes et de la vertu toute-puissante de l'éducation était soutenable au siècle dernier et "Helvétius, la tête enfoncée dans son bonnet, décomposait des phrases et s'occupait, à sa terre, à prouver que son valet des chiens aurait tout aussi bien fait le livre de l'*Esprit* que lui" (Diderot, *Correspon-*

dance). L'anthropologie moderne a mis à néant cette chimère consolante », écrit l'un de ces anthropologues racialistes, Charles Letourneau (*Science et matérialisme*, Paris, 1879).

… le médecin nous renseigne sur « l'homme communément bien organisé »…

Ce que la « rêvasserie » de d'Alembert nous laisse voir de Diderot, c'est la présence rassurante du docteur Bordeu, figure incontestée et incontestable de la physiologie, être « tranquille et froid » et finalement parole de Diderot lui-même, répondant à la parole « sensible » de Mlle de L'Espinasse. Sans le savoir donc, le médecin, que Diderot rencontre lors de consultations et dans les salons du baron d'Holbach, est devenu l'interlocuteur d'un dialogue imaginaire. Il est un porte-parole de Diderot, à la manière du Candide de Voltaire. Il est vrai que le médecin rejoint le philosophe matérialiste sur le thème de l'unité de structure et de composition entre le vivant et son environnement interne et externe. Le débat n'est pas nouveau et il précède, chez Diderot, l'écriture du *Rêve de d'Alembert*. La querelle entre Diderot et Claude-Adrien Helvétius (1715-1771) est à ce titre déjà révélatrice. Elle sera utilisée plus tard, pour une cause moins noble. L'auteur de l'*Encyclopédie* a en effet vulgarisé la pensée d'Helvétius, tout autant qu'il en a été un rapporteur partisan. Contre lui, il affirme qu'il y a des tempéraments et des tendances naturelles contre lesquelles il est vain de lutter, comme le chat tombé du toit, qui, remontant aussitôt sur le faîte, s'y promène de nouveau parce qu'il est, selon Diderot, « fait pour cela » (*Réfutation d'Helvétius*). Helvétius refuse de reconnaître l'existence d'une inégalité des esprits et des talents. Il réfute ainsi l'inégale sensibilité des sens, l'inégalité prétendument constitutionnelle des jugements ou encore l'inégalité dans l'ampleur de la mémoire. Il établit que c'est le défaut d'éducation ou le défaut de législation, c'est-à-dire l'établissement d'un mauvais gouvernement, qui peut permettre de situer l'origine d'une inégalité empiriquement constatée. Pour Helvétius, tous les hommes communément bien organisés sont capables de saisir les vérités les plus difficilement compréhensibles. Pour Diderot, le médecin est l'autorité compétente qui nous renseigne sur cet « homme communément bien organisé » et sur ses figures monstrueuses. Dans *Le Rêve de d'Alembert*, Mlle de L'Espinasse fait mine de s'en étonner : mais pour Diderot, c'est bien le médecin qui veille lorsque le philosophe rêve.

Si nous rapportons les écrits de Diderot sur l'unité de la nature et les ressemblances entre les hommes aux écrits de ses contemporains sur le développement des races, nous glissons très progressivement d'une histoire naturelle de l'homme à l'explication dite « scientifique » de ce que les différences raciales ne sont plus seulement expliquées par des différences climatiques. Lorsqu'un groupe de « matérialistes scientifiques », se revendiquant de Diderot, d'Holbach et La Mettrie, entendent prouver l'inégalité des races en 1860, c'est avec l'aide de l'anthropométrie qu'ils procèdent à des mesures de crânes humains pour décrire la façon dont les fonctions intellectuelles dépendent du cerveau. La barrière est franchie lorsque certains darwiniens (Gabriel de Mortillet, Charles Letourneau, Albert Regnard), bien qu'ils se réclament de Diderot, combattent l'idée de l'unité originelle de l'espèce humaine, et s'en remettent à l'idée que l'inégalité des races existe et qu'elle peut se démontrer scientifiquement.

… un projet « photo-anthropologique » d'envergure…

C'est à la fin du XIXᵉ siècle que la mesure anthropométrique est véritablement mise au service d'un projet de grande ampleur, celui qui permettra de mesurer la « normalité » d'un individu et de légitimer l'homme blanc européen comme constitutif du mètre étalon d'une nouvelle classification scientifique des races.

C'est dans ce contexte historique et épistémologique que Roland Bonaparte s'engage dans un projet «photo-anthropologique» d'envergure, projet qu'il initie en 1882. Par une naissance et un mariage heureux, ce petit-neveu de Bonaparte, altesse impériale de sa naissance et père de Marie Bonaparte, disciple appréciée de Sigmund Freud, est à la fin du XIXe siècle l'un des bienfaiteurs les plus actifs des milieux scientifiques. Il n'est pourtant ni véritablement un savant ni vraiment un meneur scientifique de renom. Il fréquente les cercles de l'École d'anthropologie de Paris, alors animée par Paul Broca, et devient familier de la méthode anthropométrique développée par ce dernier pour guider la réalisation de séries de clichés photographiques sur les «types humains».

Roland Bonaparte va appliquer à la lettre les recommandations que son maître consigne en 1865 dans les *Instructions générales sur l'anthropologie* et entreprend une série de photographies afin de nourrir ses collections privées, qui fourmillent déjà de mesures et relevés en tout genre. La photographie reproduite de l'Indien *Standing Bear* est conforme à la dernière recommandation de Broca : «On reproduira par la photographie : 1°) les têtes nues qui devront toujours, sans exception, être prises exactement de face, ou exactement de profil, les autres points de vue ne pouvant être d'aucune utilité ; 2°) des portraits en pied, pris exactement de face, le sujet debout, nu autant que possible, et les bras pendant de chaque côté du corps. Toutefois, les portraits en pied avec l'accoutrement caractéristique de la tribu ont aussi leur importance.»

Standing Bear, ainsi figé par les moyens modernes que la médecine clinique s'adjoint, est la digne figure de la tribu des Indiens Omaha, et donne à voir au médecin qui veille toutes les qualités physiques et morales attribuées à sa «race». Bonaparte réalise de nombreux clichés qu'il classe par ethnies. Plus d'une centaine de clichés de faces et profils composent chacun de ces albums, s'ouvrant aux Indiens Kaliña de Guyane tout autant qu'aux Kalmouks mongols. À l'instar d'une collection de papillons, les clichés de la *Collection anthropologique du prince Roland Bonaparte* sont détourés sur fond blanc ou neutre, parfois épinglés, et finalement estampillés par l'aigle impérial.

Ces pratiques de mesure sériées, effectuées dans des conditions si possible identiques, visent à la réalisation de comparaisons anatomiques et à la construction de typologies fondées, entre autres, sur le calcul de l'angle facial, mesure inventée au XVIIIe siècle par le naturaliste et biologiste hollandais Pierre Camper. La première ligne, allant de l'orifice de l'oreille à la mâchoire supérieure, forme un angle avec une seconde ligne, partant du front jusqu'à la mâchoire supérieure. Selon Camper, dont Diderot fait la connaissance lors d'un séjour en Hollande, les statues antiques présentent un angle de 90 degrés, la face des Européens de 80 degrés, des Noirs de 70 degrés, de l'orang-outang de 58 degrés.

… le spectacle du bestiaire colonial dans les zoos humains…

Bien sûr, il ne faut pas faire de Diderot le précurseur direct de marchands d'animaux exotiques, de directeurs de cirques et autres administrateurs de jardins d'acclimatation qui ont tous, à leur façon, au XIXe siècle, assuré le spectacle du bestiaire colonial dans les zoos humains. Cependant, la grande proximité de Diderot avec les méthodes de la médecine clinique et sa passion pour les lignes faciales en font l'un des auteurs fréquemment convoqués pour justifier l'importance et le sérieux scientifique du projet anthropométrique. À plusieurs reprises, la difficile question de la frontière entre l'humanité et l'animalité se pose à Diderot. Si celui-ci reprend à son compte les thèses de Buffon sur la théorie du climat, affirmant que l'inégalité qui peut s'observer entre les « races » n'est que le résultat de l'altération consécutive à un changement climatique, Diderot semble néanmoins enclin à y adjoindre un autre déterminisme. N'y aurait-il eu, comme le dit Buffon, qu'une seule « race » originelle qui se serait dégradée sous des climats peu propices et qui pourrait donc retrouver ses qualités premières si elle était à nouveau déplacée sous d'autres latitudes ? On retrouve bien cette idée chez Diderot lorsqu'il affirme dans l'article « Homme » de l'*Encyclopédie* que « les hommes ont une physionomie propre aux lieux qu'ils habitent ».

N'y aurait-il pas également chez Diderot, comme le reprendront plus tard les racialistes du XIXᵉ siècle, l'idée qu'il existe des déterminismes propres au cerveau de quelques-uns ? Dans l'affirmative, ce déterminisme doit-il être recherché chez des individus pris isolément ou chez des groupes ethniques ? « Que fera-t-il, cet homme [de génie], si l'altération [de ses facultés mentales], au lieu d'être accidentelle et passagère, est naturelle et constante ? », objecte Diderot à Helvétius dans la *Réfutation*. Le philosophe ne saute pas encore le pas, mais les scientifiques racialistes du siècle qui s'annonce n'hésiteront pas à le faire. Diderot mais aussi La Mettrie invitent d'ailleurs à faire de la métaphysique une science expérimentale : « C'est qu'il est bien difficile de faire de la bonne métaphysique et de la bonne morale sans être anatomiste, naturaliste, physiologiste et médecin » (*Réfutation d'Helvétius*).

Pourtant, loin de ne s'intéresser qu'à la théorie du climat, Diderot se passionne pour la mesure de la ligne faciale à laquelle Camper l'initie. Buffon est encore convoqué par les deux hommes pour souligner l'unité originelle de l'espèce humaine, et Diderot la rend populaire par des anecdotes plaisantes, indiquant que le simple changement d'angle de cette ligne suffit à expliquer la différence de conformation entre la tête du chien et celle d'un docteur de la Sorbonne (*Réfutation d'Hemsterhuis*). Mais si Diderot tient la ligne faciale pour la mesure qui lui permet d'affirmer l'unité dans la nature et les gradations imperceptibles de la chaîne des êtres, l'angle facial de Broca devait au contraire permettre l'exercice du positivisme classificatoire.

... la photographie anthropométrique relègue son sujet aux marges de la citoyenneté...

Les scientifiques du XIXᵉ siècle voient dans la photographie l'instrument qui leur permet d'enregistrer de façon pure et certaine les données qu'ils recherchent. La photographie se substitue au sujet qu'elle représente, tout en assurant à son spectateur qu'elle n'a pas subi la déformation esthétique que l'on peut attendre d'un dessin. Elle permet également la répétition aisée de la mesure là où le dessin la rend fastidieuse. Le mutisme du sujet, peu enclin à coopérer, est compensé par une argumentation fondée sur la répétition. La recherche obstinée de l'objectivité scientifique ne s'embarrasse décidément pas de contradictions. Le prince Bonaparte n'est pas un théoricien : il est un « anthropologue en fauteuil », au service de la collecte de données. On fait donc venir à lui les sujets à photographier. Son album sur les habitants du Surinam n'a nécessité qu'un voyage à l'exposition coloniale d'Amsterdam, en 1883. C'est aux Folies-Bergère qu'il trouve *Bushmen* et Aborigènes australiens. Et c'est au Jardin d'acclimatation de Paris qu'il rencontre *Standing Bear*, parmi d'autres représentants de ces « Peaux-Rouges » qui exhibent leurs « différences zoologiques » à un public en quête d'exotisme.

Rien dans cette photo ne relie le sujet au territoire qu'il occupe. Le regard est orienté sur le visage de l'Indien et ses parures, et sur ce que cela doit suggérer au spectateur de la place légitime qui lui est réservée dans la communauté politique américaine. Cette photographie n'est donc pas l'objet de l'admiration d'un public déçu de ne pouvoir voyager, elle légitime une pensée de la classification qui pose pour naturelle la relégation du sujet photographié aux marges de la citoyenneté. Pourtant réputée alors vecteur de vérité, la photographie est prise en studio, sur fond absolument neutre, dans l'évacuation de tout contexte et de tout ce qui pourrait distraire l'œil du spectateur. Les figures indiennes sont déplacées symboliquement de leur environnement habituel aux zoos humains, puis des zoos aux studios, tandis que des populations entières sont, pendant le même temps, déplacées plus à l'ouest, lorsqu'elles ne sont pas exterminées. La photographie anthropométrique de groupes ethniques est la métaphore même de la relégation des populations photographiées aux marges de l'humanité et, dans le cas des Indiens d'Amérique, la métaphore même de la relégation des populations indiennes toujours plus à l'ouest.

La saisie froide, tranquille et mathématique de la figure humaine, au nom de l'objectivité scientifique, « fait au visage ce que le paysage fait à la nature : il le patrimonialise » (François Brunet). Plus que l'invention d'un art, le XIXᵉ siècle invente une science que l'apparition de l'appareil de Daguerre rend possible dès 1839. Hors du temps et hors contexte, *Standing Bear* symbolise l'Ouest mystérieux, la sauvagerie indomptée, bonne ou mauvaise, ou encore le chaînon manquant entre l'animal et l'homme postulé par les darwiniens. Il intègre le bestiaire colonial composé des peuples vaincus et réifiés. Il conforte le sentiment de supériorité du Blanc dans le vocabulaire et dans l'image comme autant de métaphores d'un déplacement, bien réel, qui s'opère au même moment de l'autre côté de l'Atlantique.

Le projet photographique entamé par Roland Bonaparte tourna court. En 1890, ses albums n'auront été finalement qu'assez peu employés par les anthropologues. Roland Bonaparte décide alors de s'adonner à l'étude du règne minéral et à la constitution d'herbiers. Il continue cependant à exercer des fonctions honorifiques au sein de la Société française de photographie, qu'il contribue largement à financer, tandis que la photographie anthropométrique, qui permettait le maintien d'une distance entre observant et observé, est abandonnée au profit de l'expérience intime du scientifique au sein de la communauté qu'il étudie.

Le texte

en perspective

Seloua Luste Boulbina

Les mots du texte

Monstre, femme, unité, sensibilité

LE TEXTE DE DIDEROT n'est pas un texte dissertatif et démonstratif. Si le philosophe choisit le dialogue, et s'il fait de Jean Le Rond d'Alembert (1717-1783) un personnage, un philosophe qui rêve, c'est pour pouvoir non seulement exprimer librement ses pensées — plus que ses argumentations —, mais aussi, de façon drôle et ludique, pour aborder divers aspects de l'approche du corps animal de l'homme et de la femme sans se limiter à un seul aspect de la question. Ce n'est pas de manière spéciale mais globale que Diderot envisage la physique du corps humain, et laisse la métaphysique aux oubliettes du passé. Les deux dialogues ne se laissent donc pas réduire à un discours qui, d'un sujet, ferait le tour. Si tour il y a, c'est plutôt au sens, philosophique, d'un art des détours qui fait entrer et accueille le lecteur par de multiples voies. C'est pourquoi l'analyse des mots du texte s'entend ici, d'abord, comme une présentation des entrées (du ou) dans le texte.

1.

Monstre

1. *Monstres et prodiges*

Est-ce parce que *Le Rêve de d'Alembert* est placé sous le signe du rêve qu'il est peuplé de monstres ? Le médecin Bordeu introduit, très vite, des siamoises dans la conversation : « ces deux filles qui se tenaient par la tête, les épaules, le dos, les fesses et les cuisses, qui ont vécu ainsi accolées jusqu'à l'âge de vingt-deux ans ». Dès les débuts de l'histoire naturelle, dès la naissance de la médecine, la curiosité scientifique s'est intéressée aux phénomènes pathologiques (maladies) et aux ratés de la classification (monstres). Lorsque, par exemple, Ambroise Paré complète, en 1573, son traité de la génération, il publie *Monstres et prodiges* et écrit : « Nature tâche toujours à faire son semblable : il s'est vu un agneau ayant la tête d'un porc parce qu'un verrat avait couvert la brebis. » Il est remarquable que pour dire la reproduction, c'est-à-dire la formation régulière d'un enfant à l'image de ses parents, le savant choisisse de parler d'une anomalie, comme si la génération contenait en elle-même une discrète monstruosité. Aristote (384-322 av. J.-C.) disait déjà, dans *De la génération des animaux*, « le monstre appartient à la catégorie des produits qui ne ressemblent pas aux parents ». Il est également remarquable qu'Ambroise Paré, comme d'autres, n'ait pas, dans les accidents de la reproduction, tracé de frontière nette entre le réel et l'imaginaire. Qu'est-il advenu de ce « porcagneau » ? A-t-il engendré d'autres petits « porcagneaux » ? Le goût du merveilleux — et du prodige qui est presque l'équivalent du miracle dans la nature — n'a pas épargné les savants. Comme Diderot l'a à la fois affirmé et revendiqué, la curiosité scientifique n'est pas sans rapport avec le psychisme des philosophes. Lorsque Buffon examine la puberté dans son *Histoire naturelle* (trente-six volumes publiés entre 1749 et 1788), il s'interroge : « Pouvons-nous écrire l'histoire de cet art avec assez de circonspection pour ne réveiller dans l'imagination que des idées philosophiques ? La puberté, les circonstances qui l'accompagnent, la circoncision, la castration, la virginité, l'impuissance sont cependant trop essentielles à l'histoire de l'homme pour que nous puissions supprimer les faits qui y ont rapport. » C'est pourquoi il préconise l'« indifférence philosophique ». Ce n'est pas du tout la position de Diderot. Celui-ci entend assumer la chaleur avec laquelle on aborde ces sujets, au lieu de feindre une froideur et une indifférence impossibles. C'est sans doute ce pourquoi il affronte les images au lieu de les saisir à la dérobée.

2. *Reproduction et espèces*

Le milieu du xviiie siècle voit naître et se développer les « sciences de la vie et de la terre ». C'est dans ce contexte qu'il faut lire *Le Rêve de d'Alembert*. Le concept de reproduction n'apparaît ainsi qu'à la fin du xviiie siècle. Auparavant, on parle de génération. Jusqu'au xviie siècle, dans l'Europe chrétienne, on raisonne en termes de créatures. Autrement dit, la génération de chaque être vivant apparaît presque comme un événement unique, une combinaison singulière de matière et de forme. À partir du xviie siècle, on découvre les espèces, c'est-à-dire les affiliations entre les êtres vivants en fonction de leur structure visible. C'est à partir de là qu'on abandonne progressivement les analogies que la Renaissance chérissait dans sa description de la génération : l'art et l'alchimie. En 1735, le Suédois Linné (l'inventeur de la perle de culture) publie *Les Systèmes de la nature*; en 1753, *Les Espèces des plantes*, œuvres dans lesquelles il s'efforce de classer tous les êtres vivants, qu'ils soient végétaux ou animaux, à partir de variables qui permettent de déterminer des spécificités. La donnée de base est donc l'espèce, non l'individu. Un monstre, à cette lumière, n'est qu'individualité. Un monstre, sous cet angle, parce qu'il est inclassable, est une façon d'interroger ce qu'on nomme alors « la nature ». Comment le concevoir ? « L'homme n'est qu'un effet commun, le monstre qu'un effet rare ; tous les deux également naturels, également nécessaires ; également dans l'ordre universel et général... » D'Alembert, dans son délire, n'établit pas de différence de nature entre un être normal et un monstre. Il fait relever la monstruosité de la statistique : certains faits sont communs, d'autres sont rares. Diderot, en cela, régularise l'existence des monstres en les naturalisant : ils ne sont pas hors de la nature, ou contre nature, ils sont, également, des êtres naturels. Observer et imaginer sont deux opérations intellectuelles distinctes et, comme le souligne Bordeu, « tout le délire de cette faculté [l'imagination] se réduit au talent de ces charlatans qui, de plusieurs animaux dépecés, en composent un bizarre qu'on n'a jamais vu en nature ». Cependant, lorsque Bordeu et Mlle de L'Espinasse se retrouvent seul à seule, la jeune femme fait part d'une interrogation qui lui « a passé cent fois par la tête », et qu'elle n'oserait, dit-elle, adresser qu'au médecin : « Que pensez-vous du mélange des espèces ? »

3. Raison et expérience

Réfléchir, comme on le faisait dans l'Antiquité, en termes de causes finales, c'est considérer que, selon la formule aristotélicienne, « la nature ne fait rien en vain ». C'est faire prédominer un ordre de la nature qui repose sur la nécessité et la finalité. C'est, du coup, exclure les accidents dans la reproduction. « Grâce à notre pusillanimité, à nos répugnances, à nos lois, à nos préjugés, il y a très peu d'expériences faites » : pour Bordeu, le médecin vitaliste, le finalisme est à exclure définitivement de l'histoire naturelle. Les faunes sont-ils réels ou fabuleux ? Que montrent les monstres ? Il n'y a, selon l'ordre de Francis Bacon (*Éléments d'interprétation de la nature*, 1620), que l'expérience et la raison qui vaillent, et qui permettent d'établir, ce qui est la grande question, la viabilité et la reproductibilité des êtres vivants. De petits écarts, d'infimes variations et la vie change. Tel est l'enseignement que dispense le texte de Diderot, sans que le philosophe, pour autant, développe un discours systématique sur les monstres. Ceux-ci restent un motif, quoique sérieux, quoique crucial, quoique récurrent, dans la libre conversation de ses personnages. Ne reste alors qu'à imaginer de nouveaux domestiques, des chèvre-pieds taillables et corvéables à merci...

2.

Femme

1. *Une femme prend la parole*

Chez Diderot, la science et la politique ne sont pas séparables : il y a une politique de la science qui doit s'émanciper et de la politique (des pouvoirs) et de la religion (des autorités). C'est pourquoi il est significatif que Julie de L'Espinasse soit non seulement l'une des protagonistes d'un dialogue philosophique mémorable mais qu'elle soit aussi active, aussi présente, aussi impertinente et irrévérencieuse. La véritable Julie de L'Espinasse (1732-1776) était bien connue des philosophes et des encyclopédistes. Lectrice dans le salon de sa tante, Mme Du Deffand (1697-1780), elle brille par sa finesse et son intelligence. Les conversations se poursuivent dans la chambre de la jeune fille et provoquent la colère de sa tante, qui la renvoie. Julie ouvre alors son propre salon, reçoit Fontenelle, Montesquieu, Marivaux, Marmontel et devient très amie avec d'Alembert.

C'est une femme qui le dit : « L'homme n'est peut-être que le monstre de la femme, ou la femme le monstre de l'homme. » Julie de L'Espinasse n'a pas la langue dans sa poche ! C'est à partir de l'examen du cas de Jean Macé que la différence des genres est abordée. Qu'arriva-t-il à l'homme aux organes inversés ? S'il s'est marié et a eu des enfants, comment sont-ils ? Ils suivront, soutient Bordeu, la « conformation générale » mais, au fil des générations, la « conformation bizarre » pourra revenir. Pour expliquer ces « sauts », Bordeu rappelle, si besoin était, que « pour faire un enfant on est deux ». La nouveauté, dans ce texte, tient à ce que le propos est sans référence. La femme n'est pas pensée, de façon seconde, à partir de l'homme qui, lui, serait *per se* et en premier définissable. Tout au contraire, ils sont embrassés ensemble, dans un même mouvement. Plus encore, lorsque l'homme est défini, c'est, généralement, abstraction faite du genre. Ainsi, lorsque Aristote affirme que « l'homme est un animal rationnel », ou que « l'homme est un animal politique », ou bien que « l'homme est un animal imitateur », il énonce, implicitement, la règle du jeu : de la femme, l'homme ne parlera pas et, s'il en parle, ce sera en second lieu, d'une manière minorée. Rien de tel chez Diderot.

2. *Une définition relative*

La demoiselle a troublé le jeu, inventé le genre et déplacé la question. L'homme, dans sa bouche, n'est pas l'humanité mais sa moitié ; ce n'est pas l'*homo*, c'est le *vir*, l'être humain de sexe masculin. En outre, ce n'est pas l'homme qui définit la femme, comme c'est ordinairement le cas, mais la femme qui parle, nomme et classe. Du coup, il ne peut plus y avoir de définition substantielle de l'homme (ce qu'il est en soi), il ne peut y avoir qu'une définition relative. Bordeu l'a bien compris. D'abord, parce

qu'il fait de la différence de genre une différence anatomique ; ensuite parce qu'il va pour ainsi dire décons-
truire cette dernière. «La femme a toutes les parties de
l'homme», déclare-t-il, signifiant que la femme est en elle-
même complète et sans défaut, au lieu de l'inscrire dans
le registre du manque, du moins, de l'absent. «La seule
différence qu'il y ait, est celle d'une bourse pendante en
dehors, ou d'une bourse retournée en dedans.» Voilà une
nouvelle façon de procéder, en inscrivant la différence
dans le développement de l'embryon plutôt qu'en la pré-
sentant *sub specie æternatis*, du point de vue de l'éternité.
Pour Diderot, la nature ne peut s'appréhender de façon
fixiste ; elle doit être comprise en intégrant le temps (qui
fait son œuvre).

   La différence entre femme et homme n'est donc pas,
chez Diderot, véritablement originale : semblable à la différence entre un être humain ordinaire et Jean Macé, elle
consiste en une inversion des organes. Diderot, ici, se fait
l'écho d'autres penseurs. Buffon (1707-1788) considère,
par exemple, qu'«en réfléchissant sur la structure des parties de la génération de l'un et l'autre sexe dans l'espèce
humaine, on y trouve tant de ressemblance et une conformité si singulière qu'on serait assez porté à croire que les
parties qui nous paraissent si différentes à l'extérieur ne
sont au fond que les mêmes organes». D'ailleurs, cette différence sexuelle est relativement indifférente. Quel fossé y
aurait-il entre un eunuque et une femme ? N'y a-t-il pas,
ainsi, des hommes qui vivent comme les femmes et
s'accroupissent pour uriner ? «Je crois que vous dites
des ordures à Mademoiselle de L'Espinasse», intervient
d'Alembert. «Quand on parle science, proteste le médecin, il faut se servir des mots techniques». «Vous avez raison, convient d'Alembert ; alors ils perdent le cortège
d'idées accessoires qui les rendraient malhonnêtes.» Reste
la capacité d'enfanter qui, elle, est à nulle autre pareille.
Lorsque Diderot rédige l'article «Accouchement» de l'*Encyclopédie*, il dénonce les risques que les sages-femmes font

courir aux mères et aux enfants. « Elles font annoncer par leurs émissaires, écrit-il, qu'elles ont une femme au travail dont l'enfant viendra contre nature [...]. Pour ne pas tromper l'attente, elles retournaient l'enfant dans la matrice et le faisaient venir par les pieds. » Si tout homme est plus ou moins femme (comme le montrent les eunuques), si certaines femmes sont pour Diderot, comme sa maîtresse Sophie Volland, hommes et femmes à la fois, une interrogation subsiste : « Ô femme, serez-vous toujours femme par quelque endroit ? Jamais la fêlure que Nature vous fit ne reprendra-t-elle entièrement ? »

3.

Unité

1. *Le postulat matérialiste*

Comment un être vivant peut-il être un ? Dans *Le Rêve de d'Alembert*, c'est à partir de l'image de l'essaim d'abeilles que se trouve questionnée l'unité organique des êtres vivants. Un corps est composé d'une multiplicité d'organes distincts, dont l'unité demeure alors difficilement concevable, en dépit de la perfection de l'assemblage. C'est, intellectuellement parlant, un mystère. Les progrès de l'anatomie, notamment humaine, sont allés de pair avec les développements de la dissection. Dans le même temps, ils ont accompagné l'essor de la mécanique. D'Holbach ou La Mettrie, l'auteur de *L'Homme machine* (1747), estiment, à la suite de René Descartes (1596-1650), que le vivant obéit aux lois de la mécanique. Mais comment articuler unité et formation de l'organisme ? Qu'est-ce qui fait du corps un corps ? Le mécanisme ne permet pas de répondre à ces questions. Les dialogues de Diderot envisagent l'unité de l'animal sur un double plan : matérialiste (par opposition à idéaliste) et vitaliste (par opposition à mécaniste).

Le principe d'unité ne peut être qu'interne : tel est le postulat matérialiste. Point d'architecte de l'univers, point de créateur tout-puissant, point de démiurge *ad hoc* pour rendre compte du mystère de la vie. Comment, dès lors, penser la genèse d'un être vivant ?

2. Unité et multiplicité du corps vivant

Julie de L'Espinasse a veillé d'Alembert (dans la réalité, elle l'a accueilli et a pris soin de lui). Elle a consigné ce que le savant avait pu prononcer dans son sommeil : « C'était en commençant un galimatias de cordes vibrantes et de fibres sensibles ». Puis, « il résulte un être un, car je suis bien un, je n'en saurais douter... (en disant cela, il se tâtait partout)... Mais comment cette unité s'est-elle faite ?... » Une unité externe, une « contiguïté », et c'est un « agrégat » ; une unité interne, une « continuité », et c'est un « animal ». Bordeu intervient alors : « Voulez-vous transformer la grappe d'abeilles en un seul et unique animal ? » C'est à Maupertuis (1698-1759) que Diderot doit cette idée. Maupertuis, Diderot et d'Alembert ont beaucoup discuté de ces questions, particulièrement deux étés d'affilée, en 1753 et 1754. Dans ses *Pensées sur l'interprétation de la nature,* qu'il publie en 1754, au moment où Maupertuis fait paraître l'*Essai sur la formation des corps organisés,* Diderot avait déjà examiné cette figure. « Certains éléments, écrivait-il, auront pris nécessairement une facilité prodigieuse à s'unir constamment de la même manière ; de là, s'ils sont différents, une formation d'animaux microscopiques variée à l'infini ; de là, s'ils sont semblables, les polypes, qu'on peut comparer à une grappe d'abeilles infiniment petites, qui, n'ayant eu la mémoire vive que d'une seule situation, s'accrocheraient et demeureraient accrochées selon cette situation qui leur serait la plus familière. » Le véritable Bordeu (1722-1776) avait, lui aussi, mais sans parler des polypes, eu recours à cette métaphore dans ses *Recherches anatomiques sur la position des glandes et sur leur action.* Que disait-il ? « Nous comparons le corps vivant, pour bien sentir l'action particulière de chaque partie, à un essaim d'abeilles qui se ramassent en pelotons et qui se suspendent à un arbre en manière de grappe ; on n'a pas trouvé mauvais qu'un célèbre ancien ait dit d'un des viscères du bas-ventre qu'il était *animal in animali* ; chaque partie est, pour ainsi dire, non pas sans doute un animal, mais une espèce de machine à part qui concourt à sa façon à la vie générale du corps. » L'essaim d'abeilles fait donc partie de l'*épistémé* de l'époque, c'est un lieu commun scientifique dont la fonction est de permettre de dire l'unité et la multiplicité d'un corps vivant, le rapport des parties au tout, et du tout aux parties, d'un être animal. L'essaim d'abeilles ressemble, poétiquement, aux polypes qui venaient d'être décrits scientifiquement. Ces polypes avaient retenu l'attention du fait de leur reproduction singulière : le sectionnement d'un polype aboutissait, presque mathématiquement, à deux polypes vivants. Aussi l'expérience, toute intellectuelle, à laquelle se livrent les protagonistes du *Rêve* consiste-t-elle à imaginer des sections (et non des dissections) à vif sur l'essaim qui n'en perdra pas, pour cela, sa nature. Le polype, en définitive, est un prototype des êtres vivants : même mutilé, il demeure vivant.

3. *La formation de l'être vivant*

Le second problème qui est ensuite soulevé dérive du précédent. Si l'unité organique est interne, s'il n'y pas de grand architecte de l'univers, s'il n'y a pas d'âme, comment l'animal (notamment humain) se forme-t-il ? Parler de développement à partir d'un embryon n'est pas affirmer qu'on existe pour ainsi dire en minuscules avant de vivre en majuscules. Lucrèce (99-55 av. J.-C.) écrivait, à la suite d'Anaxagore (500-428 av. J.-C.), dans son *De natura rerum* : « Les os sont formés d'os infiniment petits et menus », comme si l'évolution des organes se réduisait à leur extension. Diderot, dans *Le Rêve*, fait préciser, par le médecin Bordeu, qu'il ne faut pas concevoir les choses de cette façon. «Je gage, Mademoiselle, dit Bordeu, que vous avez cru qu'ayant été, à l'âge de douze ans, une femme la moitié plus petite, à l'âge de quatre ans encore une femme la moitié plus petite, fœtus une petite femme, dans les testicules de votre mère une femme très petite, vous avez pensé que vous aviez toujours été une femme, sous la forme que vous avez...» C'est faux : nous commençons tous par être des «points imperceptibles». La formation de l'organisme est en vérité un prodige puisqu'elle métamorphose, sans préformation, des «molécules» «éparses dans le sang» en une «forme agréable». C'est sur cette base que l'hérédité commence à devenir un objet de science et que les savants élaborent des hypothèses génétiques. Il faudra alors penser, comme le fait Diderot à la suite de Maupertuis, que la génération est un mélange de deux semences, et abandonner l'idée de «germes préexistants», qu'ils soient attribués à la mère (par les ovistes) ou au père (par les spermatistes). C'est bien pourquoi Diderot insiste tant sur l'accouplement.

4.

Sensibilité

1. *Un instrument à cordes*

La profession de foi de Diderot se trouve en toutes lettres dans *Le Rêve de d'Alembert*, formulée, dans son sommeil, par d'Alembert : «Depuis l'éléphant jusqu'au puceron... depuis le puceron, jusqu'à la molécule sensible et vivante, l'origine de tout... pas un point dans la nature entière qui ne souffre ou qui ne jouisse.» Il n'est pas facile, cependant, d'être un matérialiste conséquent et de concevoir clairement la sensibilité, qui est un maître mot du vocabulaire philosophique de Diderot. La sensibilité est-elle une propriété de la matière ou bien le résultat d'une certaine organisation matérielle ? *La Suite d'un entretien entre M. d'Alembert et M. Diderot* (1769) lui avait fait, déjà, la part belle. Diderot (le personnage) y compare les « fibres de nos organes à des cordes vibrantes sensibles » : « La corde vibrante sensible oscille, résonne longtemps encore, après qu'on l'a pincée. » Le corps humain apparaît donc comme un bel instrument à cordes : « Cet instrument a des sauts étonnants, et une idée réveillée va faire quelquefois frémir une harmonique qui en est à un intervalle incompréhensible. » D'Alembert, toutefois, ne laissera rien passer et objectera que Diderot distingue — le musicien et l'instrument rappelant la distinction de l'âme et du corps — ce qu'il aurait voulu confondre. « Vous faites, lui dit-il, de l'entendement du philosophe un être distinct de l'instrument, une espèce de musicien qui prête l'oreille aux cordes vibrantes, et qui prononce sur leur consonance ou leur dissonance. » Il faut éviter le dualisme, la distinction de l'âme et du corps si chère aux cartésiens. Voilà qui exige d'affirmer, comme le dit Bordeu dans le *Rêve*, que l'intelligence est « unie à des portions de matière très énergiques ». Le médecin en tire les conséquences : « Notre physique générale en deviendrait plus difficile ; mais il n'y aurait point de miracles. » Effectivement, l'intelligence, au lieu d'être envisagée, de façon idéaliste, comme une faculté qui dépasse la nature, sera traitée, de façon matérialiste, comme un simple phénomène naturel : un phénomène physique. La sensibilité est alors assimilée, dans son existence primitive, à une espèce de toucher qui, progressivement, se diversifie et se spécifie : « un brin formant une oreille donne naissance à une espèce de toucher que nous appelons bruit ou son ».

2. *Sensibilité et individualité*

À la différence de ses prédécesseurs mécanistes, qui pensent forges, soufflets et autres machines d'artisanat, toutes vouées à la production, Diderot pense instrument à cordes, destinées au simple plaisir des auditeurs comme des musiciens, musique et harmonie. Plus qu'au travail des organes, le philosophe pense à leur jeu, c'est-à-dire, surtout, à leur communication, qu'il nomme sensibilité. « Très sérieusement, dit Julie de L'Espinasse, vous pensez que le pied, la main, les cuisses, le ventre, l'estomac, la poitrine, le poumon, le cœur, ont leurs sensations particulières ? » La sensation suppose une circulation et une localisation à l'intérieur du corps humain. « Si cette infinité du toucher n'existait pas, répond le médecin, on saurait qu'on éprouve du plaisir ou de la douleur, mais on ne saurait où les rapporter. » C'est pourquoi il faut distinguer la sensation et la perception. L'être humain est-il un clavecin bien (ou mal) tempéré ? Diderot développe, au sens propre du terme, une esthétique (*aiesthésis*, en grec, signifie « sensation ») du corps humain dans laquelle l'instrument n'est pas séparable des sons qu'il émet, dans laquelle la composition du tout n'est pas séparable de la sensibilité qui s'y trouve partout. Pour le médecin, un « réseau » « se forme, s'accroît, s'étend, jette une multitude de fils imperceptibles ». Pour Julie de L'Espinasse, cela s'appelle ou rappelle une toile d'araignée car toute vibration des fils (sensation) alerte l'araignée (il y a alors perception, plus ou moins importante). La sensibilité apparaît ainsi comme la seule manière appropriée de circonscrire l'individualité. Bordeu demande : « Qu'est-ce qui circonscrit votre étendue réelle ? la vraie sphère de votre sensibilité ? » « Ma vue et mon toucher », répond d'abord sa jeune amie, habituée à rapporter la perception à la vue, la sensation au toucher. Diderot remet en cause la hiérarchie des sens qui fait de la vue le plus noble, le plus élevé, le plus immatériel des sens. Au contraire, inversant l'ordre établi, il promeut le toucher en paradigme. C'est bien ce que montrent les rêves, dont les visions sont imaginaires mais les sensations bien réelles. Julie confessera qu'en rêve elle se sent immense. La sensibilité n'est pas seulement affaire de

philosophie mais, également, de psychologie. Bordeu
convoque le cas d'une femme qui, tout au contraire, se
sentait minuscule, au point de n'oser bouger de sa place,
liant ce singulier état aux accidents de l'«écoulement
périodique» avant de conclure, avec bon sens : «Tel individu peut se croire, toute sa vie, plus petit ou plus grand
qu'il ne l'est réellement». Avec la sensibilité, l'animal peut
être, physiquement, sous le régime de l'anarchie ou du
despotisme selon qu'il s'abandonne à ses sensations ou
qu'au contraire il cherche à être «maître de soi». Anarchie et despotisme : c'est encore une façon de distinguer
le sommeil de la veille, le pathologique du normal.

3. *Plaisir et ennui*

«Ainsi donc, si ce clavecin sensible et animé était encore
doué de la faculté de se nourrir et de se reproduire, il
vivrait et engendrerait de lui-même, ou avec sa femelle, de
petits clavecins vivants et résonnants.» La conversation
menée dans le *Rêve* ressemble à une partition dans laquelle
il n'y a pas de débat à proprement parler mais au cours de
laquelle ce sont des variations, de nouvelles sonorités qui
se font entendre, de l'un ou de l'autre, sans qu'il y ait
opposition voire contradiction, puisque tous trois, quoique
différemment, sont des êtres sensibles, laissant, plus ou
moins selon leur genre, leur caractère et leur état, l'anarchie sensible les envahir. La sensibilité, pour finir, apparaît, sous la plume du philosophe, comme étant aussi
insuffisante qu'essentielle à l'être humain, ce qui n'est
qu'un paradoxe. «Cette qualité si prisée, souligne le médecin, qui ne conduit à rien de grand ne s'exerce presque
jamais fortement sans douleur, ou faiblement sans ennui ;
ou l'on bâille, ou l'on est ivre.» Depuis son enfance, Diderot a constamment opté contre l'ennui, même si «le plaisir est passé, et il ne vous reste qu'un étouffement qui vous
reste toute la soirée».

Pour prolonger la réflexion

On pourra se reporter à l'ouvrage de référence pour mieux comprendre *Le Rêve de d'Alembert* : il s'agit de l'*Encyclopédie du « Rêve de d'Alembert »* de Diderot, Éd. du CNRS, coll. « Dictionnaires », 2006, coordonné par Sophie AUDIDIÈRE, Jean-Claude BOURDIN et Colas DUFLO. L'ouvrage contient cent soixante-cinq articles consacrés aux notions, aux images, aux personnages contenus dans le texte de Diderot. On pourra également consulter la revue *Recherches sur Diderot et sur l'« Encyclopédie »*, dont le numéro 34, publié en 2003, est consacré au *Rêve de d'Alembert*.

On pourra enfin lire *Qu'est-ce qu'un monstre ?* qu'Annie IBRAHIM a dirigé aux Presses universitaires de France dans la collection « Débats philosophiques », en 2005. Les textes publiés dans cet ouvrage abordent la question du monstre, centrale dans le *Rêve*, sous divers angles : biologique, anthropologique, esthétique, éthique, politique, et à divers moments de notre histoire.

Annie IBRAHIM a également publié *Diderot et la question de la forme*, PUF, 1999. « Naître, vivre, mourir, c'est changer de forme… » affirme Diderot dans le *Rêve*. Qu'est-ce que cela signifie, au juste ? Surtout quand le philosophe accorde autant de place, dans ses dialogues, à l'informe, ou au difforme ? La description d'une naissance, celle d'une philosophie du vivant, est l'objet de ce livre.

L'œuvre dans l'histoire des idées

De l'atomisme à la biologie

L'ŒUVRE DE DIDEROT est polychrome. Elle contient des pièces de théâtre, des romans, des essais, des articles d'encyclopédie, des fragments autobiographiques. Le philosophe est dispersé et son travail disséminé. Son style, en outre, toujours léger, pourrait voiler, sous un rideau de fantaisie, de grâce, de bons mots, de métaphores, de digressions, d'anecdotes, d'exemples, le degré extrêmement élevé des connaissances scientifiques du philosophe. Diderot est un bourreau de travail, comme le chevalier de Jaucourt (1704-1779), collaborateur pour l'*Encyclopédie*. Il est curieux de tout et s'intéresse à tout ce qui se publie et se discute, à l'époque, en matière de conception du monde, de définition des corps vivants, de transmission des ressemblances. Il a connu l'amour des mathématiques. Il déploie ici la richesse de ses vues sur les sujets les plus épineux de l'histoire naturelle de son époque, mais en refusant d'adopter le ton grand seigneur de celui qui sait. «Il faut souvent, commente-t-il, donner à la sagesse l'air de la folie afin de lui procurer ses entrées.»

1.

Comment peut-on être matérialiste ?

1. Idéalisme et atomisme

Lorsque Platon (428-347 av. J.-C.) impose avec fracas le monde intelligible dans la philosophie, Démocrite (460-371 av. J.-C.) et Leucippe (vers 460-370 av. J.-C.) ont déjà énoncé leurs thèses matérialistes. Elles vont être recouvertes par des volumes d'idéalisme triomphant. On se souvient de l'allégorie de la caverne que Socrate, le héros des dialogues platoniciens, développe dans la *République* : un monde sensible réduit à un univers des apparences ; un monde réel défini comme intelligible et perceptible avec l'œil de l'âme. À l'idéalisme platonicien est conjoint un dualisme qui fait du corps un tombeau pour l'âme. Rien de tel chez les atomistes. Ils développent alors ce qu'on appellera bien plus tard une philosophie de la poussière : une conception atomiste de la nature. Pour Démocrite, l'être est divisible en corps insécables, impassibles, impérissables : les atomes. Leur assemblage, au reste aléatoire, forme, sous l'effet de causes mécaniques, des corps. Ces derniers se conçoivent dès lors en termes de composition et de décomposition. Les atomes, ou indivisibles, « se frappent et quelques-uns sont rejetés loin, au hasard, tandis que d'autres, s'entrelaçant mutuellement d'après la congruence de leurs figures, tailles, positions et ordres, restent ensemble et réalisent ainsi la venue à l'être de corps composés », écrit Simplicius (vie siècle) dans son commentaire du *Manuel* d'Épictète. L'atomisme et la vision matérialiste des choses posent immédiatement un problème que Diderot lui-même, dans *Le Rêve de d'Alembert*, soulève, celui du passage des simples au complexe (ou composés). Platon en avait parlé, dans le *Cratyle*, en ces termes : comment l'unité minimale du sens, la syllabe, peut-elle s'obtenir à partir de la lettre ? Le matérialisme antique n'est pas seulement une physique (du grec *phusis*, qui signifie nature), il est aussi une éthique (du grec *éthos*, qui signifie caractère), comme on le voit avec Épicure (341-270 av. J.-C.). Si, en effet, les hommes sont matière et retournent à la matière, pourquoi auraient-ils peur de mourir ? Le remède épicurien à la crainte de la mort consiste à montrer que la disparition est la perte de toute sensation, et qu'il est donc absurde d'appréhender ce qui ne peut procurer ni plaisir ni, surtout, douleur. Cette philosophie (que Diderot présente dans l'*Encyclopédie* dans l'article « Épicurisme ») séduisit Lucrèce, qui dédia son poème, le *De natura rerum* (De la nature des choses), à l'auteur de la *Lettre à Ménécée*. Son ambition : « Expliquer l'organisation suprême du ciel et des dieux », « révéler les principes des choses : d'où la nature crée toutes choses, les développe, les nourrit ; à quelle fin la nature les détruit à nouveau et les résorbe ». Ces éléments, il les appela « matière », « corps générateurs », « semences des choses » ou encore « corps premiers ». Lucrèce refuse toute explication du monde en termes de causes finales (tant appréciées des aristotéliciens) ou de Providence (si commode pour comprendre l'incompréhensible). Il invoque, toutefois, la notion de *clinamen*, de déviation des atomes de leur ligne de chute, pour rendre compte de la liberté humaine. Dans l'Antiquité, le matérialisme est une conception vraiment minoritaire. Elle devient presque clandestine avec le développement du christianisme en Europe, assimilable à une hérésie et attaquée comme telle. Saint Jérôme, par exemple, fera courir la légende selon laquelle Lucrèce aurait été rendu fou par un philtre et aurait passé le reste de sa vie en proie au délire.

2. Matérialisme et athéisme

C'est pourtant à ce courant que se rattachent les analyses que Diderot développe dans *Le Rêve de d'Alembert*, comme il le fait ailleurs dans son œuvre. « Il n'y a aucune différence, écrit Diderot plaisamment, entre un médecin qui veille et un philosophe qui rêve… » Des philosophes rêveurs, le XVIIᵉ siècle en verra naître. Pierre Gassendi (1592-1655), par exemple, ou son contemporain Thomas Hobbes (1588-1679) sont des figures illustres de l'âge classique. C'est à cette époque que le terme de « matérialisme » s'impose, en anglais d'abord (1668), en français ensuite (1702). Lorsque Diderot rédige son article « Spinozisme » pour l'*Encyclopédie*, il avance que sont matérialistes ceux qui « concluent qu'il n'y a que de la matière, et qu'elle suffit pour tout expliquer ». Cela ne s'affirme pas, au siècle des Lumières, sans inconvénients. Diderot sera en effet constamment dénoncé comme matérialiste. Sa fiche de police, en 1748, contient ces observations : « C'est un garçon plein d'esprit mais extrêmement dangereux. Auteur de livres contre la religion et les bonnes mœurs […]. Fait le bel esprit et se fait trophée d'impiété. Parlant des saints mystères avec mépris. » La religion est réduite par la pensée matérialiste à de la superstition. C'est pourquoi La Mettrie (1709-1751), Helvétius (1715-1771) ou encore d'Holbach (1723-1789) seront, à l'instar de Diderot, condamnés par les religieux. Lorsque certains d'entre ceux-ci publient le *Dictionnaire de Trévoux* (1743) et son *Supplément* (1752), ils donnent cette définition du matérialisme : « Dogme très dangereux, suivant lequel certains philosophes indignes de ce nom prétendent que tout est matière, et nient l'immortalité de l'âme. Le *matérialisme* est un pur athéisme, ou pour le moins un pur déisme ; car si l'âme n'est point esprit, elle meurt aussi bien que le corps ; et si l'âme meurt, il n'y a plus de religion. » Le mot — l'injure — est prononcé : le matérialisme est un athéisme. Il ne reste à Diderot, pour se défendre, qu'à nier. Il niera par exemple être l'auteur des *Pensées philosophiques*, des *Bijoux indiscrets*, de la *Lettre sur les aveugles*. Que faire, dans un contexte qui refuse, politiquement et religieusement, la liberté d'expression ? En 1749, le philosophe a été arrêté sur lettre de cachet. Comme il l'avait écrit, non sans humour : « Il est donc très important de ne pas prendre la ciguë pour du persil, mais nullement de croire ou de ne pas croire en Dieu »… Dix ans plus tard, dans sa lettre à Sophie Volland du 17 octobre 1759 (il a alors quarante-six ans), il écrira : « Le sentiment et la vie sont éternels. Ce qui a toujours vécu vivra sans fin. La seule différence que je connaisse entre la mort et la vie, c'est qu'à présent vous vivez en masse, et que dissous, épars en molécules, dans vingt ans d'ici vous vivrez en détail. » Si le philosophe (« indigne de ce nom ») est contraint, pour préserver sa liberté de penser, de jouer à cache-cache avec les autorités, il n'a peur de rien. Il peut toujours arguer d'être un philosophe rêveur puisque, comme il le précise dans le *Rêve*, dans le sommeil, « tout le réseau se relâche »…

2.

Des animaux machines
aux animaux sensibles

1. *Le mécanisme cartésien*

« Ceux qui, sachant combien de divers automates, ou machines mouvantes, l'industrie des hommes peut faire, sans y employer que fort peu de pièces, à comparaison de la grande multitude des os, des muscles, des nerfs, des artères, des veines, et de toutes les autres parties qui sont dans le corps de chaque animal, considéreront ce corps comme une machine, qui, ayant été faite des mains de Dieu, est incomparablement mieux ordonnée et a en soi des mouvements plus admirables qu'aucune de celles qui peuvent être inventées par les hommes. » Ces lignes, extraites du *Discours de la méthode* (1637) de René Descartes, indi-

quent combien la science cartésienne est celle de l'ingénieur, de celui qui découvre les possibilités de la mécanique. Effectivement, lorsque l'auteur des *Méditations
métaphysiques* (1641) présente la façon dont s'articulent les
connaissances humaines, il déploie l'image de l'arbre du
savoir, dont la métaphysique constituerait les racines, la
physique le tronc, la mécanique, la médecine et la morale
les branches. Les trois dernières sont conçues comme déri-
vées de la physique, qui en constitue le fondement. Dans
cette perspective, la mécanique est une matrice qui permet
de concevoir non seulement les machines mais également
le corps, animal ou humain. « J'avais, poursuit Descartes,
décrit après cela l'âme raisonnable, et fait voir qu'elle ne
peut aucunement être tirée de la puissance de la matière,
ainsi que les autres choses dont j'avais parlé, mais qu'elle
doit expressément être créée ; et comment il ne suffit pas
qu'elle soit logée dans le corps humain, ainsi qu'un pilote
en son navire, sinon peut-être pour mouvoir ses membres,
mais qu'il est besoin qu'elle soit jointe et unie plus étroi-
tement avec lui, pour avoir outre cela des sentiments et des
appétits semblables aux nôtres, et ainsi composer un vrai
homme. Au reste, je me suis ici un peu étendu sur le sujet
de l'âme, à cause qu'il est des plus importants : car, après
l'erreur de ceux qui nient Dieu, laquelle je pense avoir
ci-dessus assez réfutée, il n'y en a point qui éloigne plutôt
les esprits faibles du droit chemin de la vertu, que d'imaginer que l'âme des bêtes soit de même nature que la
nôtre, et que par conséquent nous n'avons rien ni à
craindre ni à espérer après cette vie, non plus que les
mouches et les fourmis. » Descartes a bien adopté le mécanisme, mais il demeure idéaliste : il maintient, d'une part,
l'existence de deux substances (en affirmant que l'âme est
plus aisée à connaître que le corps) ; d'autre part, l'existence d'un Dieu garant des vérités éternelles et créateur
(continu) du monde tel qu'il est. De ce Dieu cartésien,
Blaise Pascal (1623-1662) affirmera qu'il est celui des « philosophes et des savants », non d'Abraham, de Jacob ou de

ceux qu'il nomme « chrétiens parfaits ». Diderot apparaît point par point comme un anti-Descartes. Il n'y a pas plus à espérer, dans son optique, pour un homme que pour une fourmi ou une mouche : il n'y a pas d'autre vie. Il n'y a pas de Dieu : il n'y a pas d'autre monde. Il n'y a pas d'âme séparable du corps : il n'y a pas d'autre substance. Il n'y a pas, pour finir, de machine elle-même : la science de la vie n'est pas une science de l'ingénieur. Si machine il y a, ce n'est pas dans un sens cartésien, même si la philosophie des encyclopédistes hérite de celle de leur illustre prédécesseur, c'est, comme Diderot l'écrit dans son article « Animal » : « L'univers est une seule et unique machine, où tout est lié, et où les êtres s'élèvent au-dessus ou s'abaissent au-dessous les uns des autres par des degrés imperceptibles. »

2. *Le sensualisme*

Ce n'est pas seulement le statut du corps humain qui est en jeu avec l'approbation ou le refus du mécanisme cartésien, c'est, avec la place occupée par la sensibilité, toute une vision du monde. C'est bien pourquoi la question du rêve et du sommeil est ici déterminante. Descartes en fait, dans les *Méditations métaphysiques*, un argument décisif en faveur du doute radical car si je sens en rêve ce que je ressens éveillé, alors les sens sont trompeurs et doivent être chassés pour entrer dans la voie sûre de la science. On retrouve, au XVIIe siècle, ce ferment d'incertitude (et donc de scepticisme) chez d'autres auteurs. Nicolas Malebranche (1638-1675), par exemple, dans sa *Recherche de la vérité par les lumières naturelles*, évoque le danger : « N'avez-vous jamais entendu dans les vieilles comédies cette formule d'étonnement, *Est-ce que je dors ?* Comment pouvez-vous être certain que votre vie ne soit pas un songe perpétuel, et que tout ce que vous apprenez par les sens n'est pas aussi faux que quand vous dormez, surtout sachant que vous avez été créé par un être supérieur, auquel dans sa toute-puissance il n'eût pas été plus difficile de nous créer tels que je vous ai dit, que tels que vous croyez être ? » La conséquence est claire : se détourner des choses sensibles, sauf à tomber dans le scepticisme, ce qu'à l'époque on nomme le pyrrhonisme. Malebranche parle ainsi, comme Descartes, de « l'incertitude des pyrrhoniens, qui est comme une eau profonde où l'on ne peut trouver pied ». C'est exactement le contraire que choisira Diderot. Il est, comme Condillac (1715-1780), qu'il connaît, sensualiste. Celui-ci est un disciple du philosophe anglais John Locke (1632-1704). Toute une discussion réunira, philosophiquement, les trois hommes. Dans son *Essai sur l'entendement humain*, Locke, partant des observations de Molyneux sur un aveugle-né, soutient que cet homme, s'il recouvrait la vue, ne pourrait, visuellement, reconnaître ce qu'il avait appris à identifier de façon tactile. Condillac, dans son *Essai sur l'origine des connaissances humaines*, défend plutôt l'idée que « l'œil juge naturellement des figures, des grandeurs, des situations et des distances ». Il y a donc, pour lui, un lien direct entre la sensation et la connaissance géométrique. Diderot, dans sa *Lettre sur les aveugles*, ne manquera pas de discuter cette idée et amènera Condillac à infléchir sa pensée. Et en effet, dans son *Traité des sensations*, celui-ci réexamine les choses et fera du toucher le sens qui « apprend aux autres sens à juger des objets extérieurs ». C'est bien cet empire du tact que l'on retrouve dans le *Rêve*, un texte qui n'est ni un poème, ni un traité, ni un discours, ni un essai, ni une dissertation mais qui est un dialogue entre des personnages indifféremment éveillés ou endormis.

3.

Les prémices
de la médecine expérimentale

1. *Composition et reproduction des êtres vivants*

Du milieu à la fin du XVIIe siècle, tout change considérablement. Les êtres vivants sont d'abord considérés comme des «corps organisés», par référence à la grande complexité de leur structure, en particulier leur structure visible. C'est dans un second temps que la composition des êtres vivants sera déterminée, comme on peut l'observer non seulement dans le *Rêve*, mais aussi dans les travaux d'un physiologiste qui lui est contemporain, Albrecht von Haller. L'étude de la texture et du fonctionnement des muscles et des nerfs conduit Haller à considérer que l'unité de base des corps organisés est la fibre. Il écrit ainsi, dans ses *Éléments de physiologie*, qui paraissent en 1769, l'année même où Diderot écrit les trois dialogues (*La Suite d'un entretien entre M. d'Alembert et M. Diderot, Le Rêve de d'Alembert, Suite de l'entretien précédent*), qu'un animal est «composé en partie de fibrilles et en partie d'un nombre infini de petites lames, qui par leurs directions différentes entrecoupent de petits espaces, forment de petites aires, unissent toutes les parties du corps». La composition élémentaire des êtres vivants et leur reproduction sont alors liées sans que, pour autant, les moyens conceptuels et techniques soient suffisants, à cette époque, pour découvrir réellement la structure des organismes que postulent tous ces savants. Il leur est quasi impossible de dissocier la particule matérielle qui participe de la composition du corps et la particule de semence qui détermine sa reproduction. La ressemblance des enfants aux parents est donc rapportée à la première, non à la seconde. À l'époque, parents et enfants sont vus comme étant «faits du même bois». L'assemblage des particules élémentaires se reproduit selon une certaine mémoire. C'est pourquoi Buffon envisagera l'existence d'un «moule intérieur» pour expliquer la reproduction et la croissance. Il propose, dans son *Histoire naturelle*, une analogie : «De la même façon que nous pouvons faire des moules par lesquels nous donnons à l'extérieur des corps telle figure qu'il nous plaît, supposons que la Nature puisse faire des moules par lesquels elle donne non seulement la figure extérieure mais aussi la forme intérieure.» Diderot le connaît bien : Buffon lui a promis un article «Nature», pour l'*Encyclopédie*, qu'il n'écrira jamais... Dans ses *Pensées sur l'interprétation de la nature*, le philosophe interrogera le naturaliste : «Les Moules sont-ils principes des formes? Qu'est-ce qu'un moule? Est-ce un être réel et préexistant? Ou n'est-ce que les limites intelligibles de l'énergie d'une molécule vivante unie à de la matière morte ou vivante; limites déterminées par le rapport de l'énergie en tous sens, aux résistances en tous sens? Si c'est un Être réel et préexistant, comment s'est-il formé?» Contrairement à ce que le *Rêve* pourrait laisser entendre, par le ton badin qui y est de mise, les problèmes, pour Diderot, sont ardus et doivent être traités sérieusement : en toute rigueur.

2. *L'expérimentation biologique et médicale*

Si l'on ne fonde pas alors le discours naturaliste sur l'idée de vie, ce qui sera le cas dès les débuts du XIXe siècle, si l'on ne comprend pas bien, encore, ce qui sera plus tard nommé «lois de l'hérédité» puis «génétique», on envisage différemment, désormais, l'être vivant. Le cartésianisme avait fait de la machine le modèle permettant de concevoir les résultats de la dissection anatomique (humaine en particulier), le matérialisme des Lumières permettra de mieux penser la corrélation des fonctions spécifiques exercées par ces organes. Daubenton (1716-1799) compare ainsi la patte du cheval et la jambe de l'homme. Vycq d'Azyr met en parallèle, chez divers carnivores, la structure des dents et celle de l'estomac. Le mécanisme avait également rendu concevable l'expérimentation scientifique sur les êtres vivants, comme si la nature était écrite en langage scientifique. Galilée (1564-1642) avait affirmé, pour parler de la physique : « La Nature est écrite en langage mathématique. » En 1718, l'académie de Bordeaux avait mis au concours, comme il était de tradition à l'époque, la question *De l'usage des glandes rénales*. Montesquieu (1689-1755) était chargé du rapport. Aucun mémoire n'est concluant, ce qui le conduit à écrire : « Par les expériences et les dissections qu'elle a fait faire sous ses yeux, elle a connu la difficulté dans toute son étendue, et elle a appris à ne point s'étonner de voir que son objet n'ait pas été rempli. » L'histoire des sciences n'est pas le conte de fées qu'on se représente parfois : de savants chats bottés sautant sans difficulté de découverte en découverte. Ce n'est pas par grands sauts mais par petits pas que la science progresse. La fonction des surrénales, par exemple, ne sera identifiée par Brown-Sequard qu'en 1856. Comment les contemporains de Diderot envisagent-ils, banalement, les choses ? En 1748, Haller publie une thèse de médecine soutenue en 1735. Le chirurgien, Deisch, y fait part de la violence de la recherche. « Il n'est pas étonnant, note-t-il, que l'insatiable passion de connaître, armée du fer, se soit efforcée de se frayer un chemin jusqu'aux secrets de la nature et ait appliqué une violence licite à ces victimes de la philosophie naturelle, qu'il est permis de se procurer à bon compte, aux chiens, afin de s'assurer — ce qui ne pouvait se faire sur l'homme sans crime — de la fonction exacte de la rate, d'après l'examen des lésions consécutives à l'ablation de ce viscère, si les explications proposées par tel ou tel auteur étaient vraies et certaines. » L'examen, comme il le souligne lui-même, réalisé à vif, est « douloureux et même cruel ».

Les avancées médicales se font dans le sang. L'expérimentation est la seule voie d'accès à la connaissance fonctionnelle des organes. Aucune discussion philosophique, aucun dialogue, si brillant soit-il, ne permet d'en faire l'économie. Aucun philosophe ne peut, parlant du corps sensible, se passer du médecin. C'est exactement le cas de Diderot qui, dans son *Rêve*, sollicite le plus célèbre représentant de l'école vitaliste de Montpellier, le docteur Bordeu, l'auteur des *Recherches anatomiques sur la position des glandes et sur leur action* (1751), des *Recherches sur le pouls, par rapport aux crises* (1756), ou encore des *Recherches sur le tissu muqueux ou l'organe cellulaire* (1767). Plus tard, au moment où paraîtront de façon posthume les trois dialogues de Diderot, en 1830, Auguste Comte (1798-1857) entamera la publication de ses *Cours de philosophie positive*. Il y défendra l'expérimentation biologique avant que Claude Bernard (1813-1878) donne en 1865, dans son *Introduction à l'étude de la médecine expérimentale*, l'évidence qui avait jusqu'alors fait défaut à l'expérimentation médicale.

Pour prolonger la réflexion

Le texte de Diderot est imprégné des doctrines de son temps. La conversation fait état des discussions qui animent alors tous ceux qui rêvent d'en savoir plus sur les êtres vivants. Il faut donc replacer *Le Rêve de d'Alembert* dans le contexte de l'époque, ainsi que dans les problématiques que l'histoire des sciences de la vie modifiera sans toujours les inventer. Pour cela, il est fort utile de se reporter à deux ouvrages de Georges CANGUILHEM (1904-1995).

Le Normal et le pathologique, PUF, « Quadrige », 1988. *Le Normal et le pathologique* est sa thèse, qu'il soutint en 1943, alors qu'il était déjà engagé dans la Résistance. L'introduction donne le ton et fait écho aux préoccupations de Diderot. Canguilhem affirme en effet : « L'état pathologique peut être dit, sans absurdité, normal, dans la mesure où il exprime un rapport à la normativité de la vie. Mais ce normal ne

saurait être dit sans absurdité identique au normal physiolo-
gique car il s'agit d'autres normes. L'anormal n'est pas tel
par absence de normalité. Il n'y a point de vie sans normes
de vie, et l'état morbide est toujours une certaine façon de
vivre. »

La Connaissance de la vie, Vrin, 1975, est également très éclai-
rant. S'il revient sur la question du normal et du pathologique, de la monstruosité et du monstrueux, Canguilhem y
analyse aussi les aspects du vitalisme comme du mécanisme,
ainsi que le passage de la théorie fibrillaire, dont le texte de
Diderot fait abondamment état, à la théorie cellulaire, pos-
térieure.

La figure
du philosophe

Diderot, philosophie et fantaisie

DIDEROT EST UN HOMME qui a toujours préféré la cigale à la fourmi, l'amitié à la famille, la philosophie à l'argent, la liberté de penser à la religion et... l'amour au mariage. Il se lie avec d'Holbach, d'Alembert, Melchior Grimm (1723-1807), qui le décevra profondément par son sens du placement — c'est-à-dire de la place — quand lui-même opte irrémédiablement pour le mouvement; et, enfin, Jean-Jacques Rousseau (1712-1778), avec lequel il se brouillera. Écrit-il pour l'Université? Non. Écrit-il pour la Cour? Non. Se conforme-t-il à ce qu'il «convient» de penser? Non. Diderot est obsédé par la postérité. Il espère, naturellement, que celle-ci lui rendra justice, lui qui fut tant et tant attaqué. «Cette postérité serait une ingrate si elle m'oubliait tout à fait, moi qui me suis tant souvenu d'elle.» Diderot, c'est un homme qui ne manque jamais de bons mots!

1.

L'écrivain brouillon

1. *Le coloriste*

Diderot est prolixe, il est inventif, il a le sens des formules. Lorsqu'il évoque le «bijou parlant» ou le «frottement illicite et voluptueux de deux intestins», il entend donner vie à ce qu'il écrit. Son goût pour les dialogues révèle ses «petites idées sur la couleur». Diderot est un coloriste. Dans son *Essai sur la peinture*, il soutient que la peinture comme la littérature manquent de grands coloristes. Les dessinateurs, les «froids logiciens» sont beaucoup plus nombreux. Lorsqu'il décrit le coloriste, cela ressemble à un autoportrait. «Celui qui a le sentiment vif de la couleur a les yeux attachés sur sa toile ; sa bouche est entr'ouverte ; il halète ; sa palette est l'image du chaos. C'est dans ce chaos qu'il trempe son pinceau ; et il en tire l'œuvre de la création, et les oiseaux, et les nuances dont leur plumage est teint, et les fleurs et leur velouté, et les arbres et leurs différentes verdures, et l'azur du ciel, et la vapeur des eaux qui les ternit, et les animaux, et les longs poils, et les taches variées de leur peau, et le feu dont leurs yeux étincellent.» Bien sûr, Diderot porte aux nues le rendu de la chair, «l'incarnat et la vie». En 1767 (il a alors cinquante-quatre ans), Louis-Michel Van Loo (1707-1771) fait son portrait. Assis à son bureau, en train de rédiger, le philosophe, les cheveux courts, grisonnants, le teint rosé, semble interrompu dans son travail et paraît s'adresser à un interlocuteur invisible. Pour nous, ce portrait représente Diderot. Mais Diderot ne s'y reconnaît pas : «Trop jeune, tête trop petite, joli comme une femme, lorgnant, souriant, mignard, faisant le petit bec, la bouche en cœur.» Il met en garde : «Mes enfants, je vous préviens, ce n'est pas moi. J'avais en une journée cent physionomies diverses, selon la chose dont j'étais affecté. J'étais serein, triste, rêveur, tendre, violent, passionné, enthousiaste ; mais je ne fus jamais tel que vous me voyez là. J'avais un grand front, des yeux très vifs, d'assez grands traits, la tête tout à fait du caractère d'un ancien orateur, une bonhomie qui touchait de bien près à la bêtise, à la rusticité des anciens temps.»

2. *Le polygraphe*

Diderot n'est pas un écrivain méthodique, non plus qu'un philosophe systématique. Il aime trop la liberté pour cela. Et sans doute aime-t-il trop écrire. Lorsqu'il publie les *Pensées sur l'interprétation de la nature*, en 1754, par référence aux pensées développées par Francis Bacon dans le *Novum Organum* (*Éléments d'interprétation de la nature*), il précise son style intellectuel ainsi : « Je laisserai les pensées se succéder sous ma plume, dans l'ordre même selon lequel les objets se sont offerts à ma réflexion, parce qu'elles n'en représenteront que mieux les mouvements et la marche de mon esprit. » Lorsque le philosophe publie sa *Lettre sur les sourds et muets*, Raynal, un critique sévère, estime qu'elle contient « mille choses bien vues placées sans ordre » et déclare : « Tout ce qui sort de la plume de M. Diderot est plein de vues et d'assez bonne métaphysique ; mais ses ouvrages ne sont jamais faits ; ce sont des esquisses ; je doute si sa vivacité et sa précipitation lui permettent jamais de rien finir. » Diderot est un polygraphe : il écrit de tout, tout le temps. Il lui arrive fréquemment de passer quatorze heures à écrire sans discontinuer. Est-ce un hasard qu'il soit, également, d'une gloutonnerie sans pareille ? Il accumule les indigestions. Il aime tant manger qu'il ne sait se restreindre. C'est, du reste, en mangeant qu'il meurt. Sa fille en a fait le récit suivant : « Il se mit à table, mangea une soupe, du mouton bouilli et de la chicorée ; il prit un abricot ; ma mère voulut l'empêcher de manger ce fruit : "Mais quel diable de mal veux-tu que cela me fasse ?" Il le mangea, appuya son coude sur la table pour manger quelques cerises en compote, toussa légèrement. Ma mère lui fit une question ; comme il gardait le silence, elle leva la tête, le regarda, il n'était plus. » Son autopsie découvrit un foie dur, vingt et une pierres dans la vésicule biliaire. Heureusement, le cerveau ne présentait aucune lésion !

3. *Une robe de chambre*

Diderot écrit du théâtre, imagine des romans, invente de la philosophie. Il travaille à la *Correspondance littéraire* de son ami Grimm ; mais tout lui est prétexte à écrire. Déjà, très jeune, il avait composé six sermons pour un missionnaire en partance pour l'étranger, moyennant trois cents écus. Un jour, Grimm, accompagné du cousin du roi de Pologne, lui rend visite et le voit dans une robe de chambre de ratine écarlate flambant neuve. C'était un cadeau (de femme) que le penseur venait de recevoir et qu'il n'aurait pu, en raison de ses maigres moyens, s'offrir lui-même. Taquiné par Grimm, il écrit ses fameux *Regrets sur ma vieille robe de chambre ou Avis à ceux qui ont plus de goût que de fortune* : « Pourquoi ne l'avoir pas gardée ? Elle était faite à moi ; j'étais fait à elle. Elle moulait tous les plis de mon corps sans le gêner ; j'étais pittoresque et beau. L'autre, raide et empesée, me mannequine. » Qui a dit que les philosophes étaient sans frivolité ni fantaisie ?

2.

L'encyclopédiste

1. *L'*Encyclopédie, *la censure, et les femmes*

En 1747, Diderot et d'Alembert prennent la direction de l'*Encyclopédie ou Dictionnaire raisonné des sciences, des arts et des métiers*. Le projet s'inspire de la traduction projetée par le libraire André-François Le Breton de l'encyclopédie britannique d'Ephraim Chambers (*Encyclopédie ou Dictionnaire des arts et des sciences*). L'entreprise est ambitieuse. Elle nécessite de nombreux rédacteurs. Montesquieu, Voltaire, Rousseau, du Marsais, Daubenton, Buffon, Quesnay, Turgot, d'Holbach, d'autres encore y collaborent. Jaucourt assiste Diderot qui, lui-même, rédige cinq mille articles. L'*Encyclopédie* est un réel succès de librairie. En février 1754, la réimpression des trois premiers volumes s'élève à 4 225 exemplaires, ce qui est énorme pour un livre au prix aussi élevé. C'est néanmoins une entreprise bien ardue que de consigner la connaissance humaine, d'autant que les autorités veillent à la conformité des articles à ce qu'il convient de penser et, surtout, d'exprimer publiquement. Matérialiste athée, Diderot n'en a pas moins des lettres. Il a fait des études de philosophie et de théologie à la Sorbonne. En matière religieuse, cependant, c'est moins le dogme que la pompe et le spectacle qui l'intéressent. Diderot est passé maître dans l'art de jouer au chat et à la souris avec la censure. C'est ainsi qu'il recourt abondamment au système des renvois dont il expose la fonction en ces termes : « Ils opposeront les notions ; ils feront contraster les principes ; ils attaqueront, ébranleront, renverseront secrètement quelques opinions ridicules qu'on n'oserait insulter ouvertement. » En dépit de ces expédients, les textes de l'*Encyclopédie* attirent l'attention réprobatrice des jésuites. Au moment où paraissent les premiers volumes, ces derniers contestent l'origine sensualiste des idées. La guerre est ouverte.

La guerre couve partout. Le 6 novembre 1642, à peine majeur bien qu'il atteignît la trentaine (l'âge de la majorité civile), Diderot avait épousé sa Nanette (Anne-Toinette) en catimini, à minuit, en l'église Saint-Pierre-aux-Bœufs. Sa famille ne le saura que six ans plus tard. « Je rencontre sur mon chemin une femme belle comme un ange, raconte-t-il ; je veux coucher avec elle ; j'y couche ; j'en ai quatre enfants ; et me voilà forcé d'abandonner les mathématiques que j'aimais, Homère et Virgile que je portais toujours dans ma poche, le théâtre pour lequel j'avais du goût ; trop heureux d'entreprendre l'*Encyclopédie*, à laquelle j'aurai sacrifié vingt-cinq ans de ma vie. » En 1751, le philosophe n'était pas demeuré d'une intégrale fidélité et avait eu une liaison avec Mme de Puisieux. Il finit, sous l'effet des scènes de ménage avec Nanette, par rompre avec elle. Que fit-elle alors ? Le 3 décembre, une gazette, *La Bigarrure*, rendit compte d'un fait divers. La maîtresse éconduite était allée narguer sa rivale, lui tenant ce langage : « Tiens, maîtresse guenon, regarde ces deux enfants ; ils sont de ton mari, qui ne t'a jamais fait l'honneur de t'en donner autant. » La légitime descend et frappe. On sépara les deux femmes en les refroidissant avec quelques seaux d'eau. D'après le journaliste, le philosophe, effondré, se garda d'intervenir !

2. *Un combat permanent*

Finalement, le travail colossal que l'*Encyclopédie* lui demande le distrait de ses ennuis domestiques. Un jour, pourtant, Diderot fit une terrible découverte. En 1764, l'encyclopédiste cherche un renseignement dans les volumes déjà publiés, qu'il ne trouve pas. Progressivement, il se rend compte que d'autres articles comprennent des lacunes : tout n'a pas été imprimé. Qui avait pu ainsi caviarder l'*Encyclopédie* ? Seul le libraire, Le Breton, avait pu pratiquement intervenir. Un collaborateur de quinze ans ! Pour Diderot, la trahison est intolérable, elle l'atteint au cœur. À ses yeux, Le Breton n'est qu'un « boucher », un « Ostrogoth » qui a « châtré » la philosophie, qui l'a « dépecée, mutilée, mise en lambeaux, sans jugement, sans ménagement et sans goût ». Diderot en perd le sommeil, le boire, le manger, il en pleure de rage et de douleur. Obligé de continuer à travailler avec Le Breton, il lui annonce : « Vous ne savez pas combien de mépris vous aurez à digérer de ma part. Je suis blessé pour jusqu'au tombeau. » Il ne lui adressera plus la parole.

Diderot n'est pas homme à baisser les yeux face à l'autorité. Il n'est pas homme à s'incliner, ni à reculer. Et pourtant, il fut perpétuellement en butte aux attaques les plus rudes, aux accusations les plus graves, ainsi qu'à des obstacles de toute nature. En 1757, le parlement de Paris prévoit jusqu'à la peine de mort en cas de vente d'ouvrages

imprimés sans permission. Or l'*Encyclopédie* est éditée sans
véritable permission. Les dévots présentent les encyclopédistes comme une espèce de secte. Le confesseur du
dauphin, l'abbé Odet de Vaux du Giry, dénonce les
« Cacouacs » (*kakos*, en grec, signifie méchant), des sans-
patrie dont la seule intention est de nuire à la société. La
même année, Damiens, qui avait agressé le roi, avait été
exécuté en place publique : le bourreau lui fit éclater les
chairs avec des coins de bois, il lui brûla le poing, lui ouvrit
les membres avec des pinces, y versa de l'huile bouillante
et du plomb fondu. Il y avait de quoi avoir peur. Diderot
ne baisse pas les bras et poursuit son travail.

3.

L'enfant terrible

1. *Les jeunes années*

Diderot confia à Sophie Volland, dans une lettre d'août
1765, que ses premières années à Paris avaient été fort dis-
solues : « Le désordre de ma conduite, écrivait-il, suffisait
de reste pour irriter mon père, sans qu'il fût besoin de le
lui exagérer. Cependant, la calomnie n'y avait pas manqué.
On lui avait dit… Que ne lui avait-on pas dit ? » Il est
vrai qu'il apprécie les actrices, qu'il trouve « infiniment
aimables » et qu'il sait « très faciles » : la Dangeville, la
Gaussin et la Clairon, dont il parlera abondamment dans
Le Paradoxe sur le comédien. Les processions, les prières
publiques, les saluts, les sacrements et autres dévotions
dont il avait été baigné dans son enfance à Langres ne
l'avaient pas, heureusement, éloigné des plaisirs de la vie.
Son père, Didier Diderot, un maître coutelier honnête
et pieux, avait un peu de bien. Sa mère, Angélique Vigneron, de huit ans plus âgée que son père, ce qui n'était pas

ordinaire, venait d'une famille de tanneurs. Denis est le deuxième enfant. Il a une sœur chérie, « Sœurette », « Socrate femelle », et un frère haï, Didier-Pierre, qui deviendra un abbé intransigeant et intolérant. Élève studieux, indiscipliné et surtout impatient, il suit l'enseignement des jésuites : beaucoup de grec, un peu de latin, peu de mathématiques. Il était destiné à succéder à son oncle maternel, le chanoine Didier Vigneron, ce qui lui assurerait un revenu régulier. À l'âge de treize ans, Denis reçoit la tonsure « par provision ». Il peut donc porter l'habit d'abbé et prétendre à un bénéfice ecclésiastique. Deux ans plus tard, l'oncle lègue sa prébende à son neveu mais, grain de sable dans les beaux rouages des stratégies familiales, les membres du chapitre récusent son choix. Le chanoine insiste : il convoque un notaire apostolique, se prononce officiellement devant témoin, délègue un mandataire à Rome mais trépasse avant que le Vatican ait confirmé son choix. « Et voilà, écrit Diderot dans l'*Entretien d'un père avec ses enfants*, un canonicat et dix-huit cents francs perdus. » Le jeune Denis ira donc faire ses études à Paris.

2. *La vie d'artiste*

S'il ne prenait pas la robe, comment allait-il gagner sa vie ? En 1736, Diderot a vingt-trois ans, son père lui enjoint d'entrer dans une étude de procureur. Ce qu'il fit. Mais, au lieu de travailler pour son patron, il étudiait pour lui-même : l'italien, l'anglais, le latin, le grec… Le procureur pouvait difficilement être satisfait. Le jeune homme fut alors sommé par son père de choisir entre trois professions : médecin, procureur ou avocat. Devant le refus de son fils, il lui coupa les vivres. Commença alors, pour le philosophe, la vie d'artiste. Lorsque des amis de sa famille passaient par Paris, il leur « empruntait » de quoi vivre, à charge, pour le père, de les rembourser. Il use des plus impudents expédients. Il alla ainsi solliciter une relation paternelle, au couvent, exprimant son attrait pour la retraite. Auparavant, il avait besoin de douze cents francs pour sauver une femme de la mauvaise vie. Le comble : il y retourne une deuxième fois, délestant le saint homme de neuf cents francs de plus. À sa troisième venue, la poule aux œufs d'or le renvoie sans ambages. Le misérable lui répond qu'il n'a plus envie d'être carme, et raconte partout sa bonne aventure ! Comment fait-il pour acquérir tous les livres qu'il lui faut ? Tout simplement, il les trouve auprès de quelqu'un qui les «emprunte» lui-même chez un docteur de la Sorbonne. Rien ne se crée, rien ne se perd... Aussi est-il savoureux de retrouver, dans *Le Neveu de Rameau* (1774), le double du philosophe, tant la ressemblance est grande entre «moi» (le philosophe) et «lui» (le neveu). «Moi : Et pourquoi employer toutes ces petites viles ruses-là ? — Lui : Viles ? Et pourquoi s'il vous plaît ? Elles sont d'usage dans mon état. Je ne m'avilis point en faisant comme tout le monde. Ce n'est pas moi qui les ai inventées et je serais bizarre et maladroit de ne pas m'y conformer. [...] Mais, monsieur le philosophe, il y a une conscience générale, comme il y a une grammaire générale, et puis des exceptions dans chaque langue, que vous appelez, je crois, vous autres savants, des... aidez-moi donc... des... — Moi : Idiotismes. »

Presque toute sa vie, Diderot courra après le cachet. Ce n'est que pour constituer une dot à sa fille Angélique qu'il concevra de vendre sa bibliothèque. Il avait accumulé, au fil et surtout au gré de ses lectures, un nombre de volumes impressionnant. En 1765, il autorise son ami Grimm à la proposer à Catherine II de Russie. Le 16 mars, Ivan Ivanovitch Betzki l'informe que l'impératrice se porte acquéreuse à des conditions extrêmement avantageuses pour le philosophe. Il aura, pour sa fille, le capital requis ; il conservera, sa vie durant, sa bibliothèque ; enfin, il recevra, en tant que bibliothécaire de l'impératrice, une rente de mille livres par an. Les lectures du philosophe avaient fini par payer ! L'ambassadeur de Russie à Paris, Galitzine, proposa un peu plus tard à Diderot d'acheter ses manuscrits. Celui-ci lui fit cette réponse : « La vente de mes manuscrits ? répondis-je au prince ; monsieur, j'en suis fâché, mais cela ne se peut plus. — Et pourquoi ? — C'est que je les ai vendus. — Vendus ? Eh ! monsieur, comment voulez-vous que j'écrive cela. — Rien de plus facile, monsieur : je les ai vendus avec mes livres… »

4.

Le libertin

1. *Indépendance d'esprit*

Est-il bon ? Est-il méchant ? est un texte qui montre, dans le personnage de Monsieur Hardouin, les traits distinctifs du philosophe. « Monsieur Hardouin : Et il vous faudrait un divertissement, un proverbe, une petite comédie ? — Madame de Chepy : C'est cela, mon cher Hardouin. — Monsieur Hardouin : Je suis désolé de vous refuser net, mais tout net. Premièrement, parce que je suis excédé de fatigue et qu'il ne me reste pas une idée, mais pas une. Secondement, parce que j'ai heureusement, ou malheureusement, une de ces têtes auxquelles on ne commande pas. Je voudrais vous servir que je ne le pourrais. » Diderot, effectivement, ne veut en faire qu'à sa tête. Il ne peut servir d'aucune manière, quelle que soit sa (bonne) volonté. Son séjour auprès de Catherine II de Russie en est un exemple éloquent. Quelqu'un qui regrette sa vieille robe de chambre ne saurait être, logiquement, qu'un voyageur en chambre, même s'il lui arrive, par lassitude, d'aller dîner dehors, chez Damilaville, dans cette tenue. Diderot est casanier. S'il aime rencontrer des étrangers, il répugne à se déplacer. Il est pourtant sollicité. À cet égard, il est l'opposé de Voltaire. D'ailleurs, quand celui-ci lui propose de renier certains de ses propos afin de pouvoir entrer à l'Académie, le penseur s'insurge contre une telle invitation. Il préfère, et de loin, la vérité aux honneurs, la liberté à l'autorité. Il n'irait pas, par exemple, cautionner le despotisme éclairé d'un Frédéric II, roi de Prusse. Le 28 février 1766, le chevalier de La Barre, un jeune homme de vingt ans, est condamné à avoir la langue coupée et la tête tranchée pour ne s'être pas découvert devant une procession, pour avoir chanté des chansons impies et pour posséder des ouvrages interdits (le *Dictionnaire philosophique* de Voltaire). Il est exécuté le 1er juillet. Voltaire parle de « Saint-Barthélemy des philosophes » et, dans une lettre à Diderot, lui conseille de rejoindre une « colonie de philosophes » sous la protection de Frédéric II. Diderot lui fait savoir qu'il est « retenu par l'inertie la plus stupide et la moins concevable » et qu'il « reste ».

2. *Diderot, conseiller du pouvoir ?*

C'est par les arts que Diderot entre en contact avec la Russie. Catherine cherchait un sculpteur capable de traiter dignement Pierre le Grand. Le philosophe recommande son ami Falconnet qui part ainsi, accompagné de sa meilleure élève, une jeune fille de dix-neuf ans, Marie-Anne Collot, le 12 septembre 1766. De Saint-Pétersbourg, l'artiste presse le philosophe de le rejoindre. Le 10 janvier 1767, Diderot est élu membre d'honneur de l'Académie impériale des arts de Saint-Pétersbourg, ce qui le flatte et lui fait réellement plaisir. Sur l'insistance de Falconnet, et aussi parce qu'il accumule les déceptions personnelles, Diderot finit par se décider à partir pour la Russie. Après avoir réglé ses affaires (sa succession), il quitte Paris, le 11 juin 1773, avec Galitzine. En Hollande, il est frappé de ce que « des commerçants, des bourgeois » prennent « le ton imposant et l'air majestueux des rois ». S'arrêtant à Düsseldorf, il visite la galerie de peinture de l'Électeur palatin. Il évite soigneusement Berlin où réside Grimm avec lequel il s'est brouillé, mais surtout l'empereur éclairé : « Je n'irai point à Berlin. Et qu'irais-je faire là ? Ou blesser par ma sécheresse un monarque prévenu ; ou donner aux vérités honnêtes et douces [...] l'air de la flatterie et du mensonge, en les répétant sans penser à ce grand Frédéric qui est quelquefois bien petit. » Arrivé à destination, il est présenté à la grande Catherine, au cours d'un bal masqué. Les entretiens avec l'impératrice commencent le 15 octobre et se terminent à la fin février de l'année suivante : deux ou trois heures en tête à tête chaque après-midi. Qu'en dit-elle ? Qu'elle en sort « les cuisses meurtries et toutes noires », tant il gesticule. Il développe abondamment un programme de réformes et cherche à faire passer ses idées sous forme d'innocentes fables, anecdotes, de dialogues philosophiques ou de comédies. « Si je l'avais cru, dira Catherine, tout aurait été bouleversé dans mon empire ; législation, administration, politique, finances, j'aurais tout renversé pour y substituer d'impraticables théories. » À vrai dire, il lui conseillait de « former elle-même une digue à la souveraineté »... Diderot est un homme qui n'a jamais pu faire allégeance à quiconque, qui n'a pu se mettre au service du pouvoir, même quand il était si proche de lui. Voilà qui n'est peut-être pas sans rapport avec sa légendaire serviabilité. Il le dit lui-même, il est « l'homme des malheureux » : « Il semble que le sort me les adresse. Je ne saurais manquer à aucun ; cela est au-dessus de mes forces. » C'est pourquoi il sait prendre parti, contre la colonisation et l'esclavage notamment : « Fuyez, malheureux Hottentots [population d'Afrique du Sud], fuyez ! [...] Ou si vous vous en sentez le courage, prenez vos haches, tendez vos arcs, faites pleuvoir sur ces étrangers vos flèches empoisonnées. »

Pour prolonger la réflexion

Raymond TROUSSON, *Diderot*, Folio biographies n° 26, 2007. Si l'on s'intéresse à la vie sentimentale de Diderot comme à ses amitiés multiples et fortes, on découvrira, dans cette biographie, un homme généreux qui se pliait en quatre pour rendre service ; un amateur d'art éclairé ; un être dont les relations familiales furent compliquées, sauf, peut-être, avec sa fille ; un individu léger et imprudent, qui ne se préoccupait guère de ses revenus et moins encore de sa réputation (qui fut sulfureuse) ; et, surtout, quelqu'un dont la curiosité intellectuelle et l'ouverture d'esprit étaient vraiment exceptionnelles. Quel être vivant et attachant !

Biographie

1713   Le 5 octobre, Denis Diderot naît à Langres.

1723-1728   Il fait ses études chez les jésuites.

1726   Il reçoit la tonsure afin de pouvoir succéder à son oncle.

1728-1732   Il est reçu maître ès arts de l'université de Paris.

1735   Il est reçu bachelier en théologie.

1742   Il fait la connaissance de Rousseau, qui deviendra son grand ami.

1743   Il confie à son père ses projets de mariage avec Antoinette Champion, lingère à Paris. Opposé à cette union, Didier Diderot le fait enfermer. Denis s'enfuit et épouse Antoinette. Il publie sa première traduction : *L'Histoire de la Grèce*, de Stemple Stanyan.

1744   Il rencontre Condillac, l'auteur du *Traité des sensations*.

1746   Il publie anonymement ses *Pensées philosophiques*. L'ouvrage, considéré comme antichrétien, est condamné au feu par le parlement de Paris.

1747   Avec d'Alembert, il prend la direction de l'*Encyclopédie*.

1748   Il fait paraître *Les Bijoux indiscrets*, roman philosophique et libertin (qu'il désavouera).

1749   Il publie sa *Lettre sur les aveugles*. Il est incarcéré à Vincennes. Il rencontre Melchior Grimm, avec lequel il se lie d'amitié.

1751   Il publie sa *Lettre sur les sourds et muets*. Paraît le premier volume de l'*Encyclopédie*.

1753   Naissance de sa fille Angélique. Le philosophe lui vouera une passion. Des enfants qu'il eut avec Antoinette, c'est le seul qui survivra.

1755   Il tombe amoureux de Sophie Volland, qui deviendra sa maîtresse, et avec laquelle il entretiendra une intense relation épistolaire.

1758   Rousseau rompt avec Diderot dans sa *Lettre à d'Alembert sur les spectacles*.

1759   L'*Encyclopédie* est condamnée par le parlement de Paris. Elle est mise à l'Index par le pape Clément XIII. Sept tomes sont déjà parus.

1760   Il rédige *La Religieuse*, qui ne sera publiée qu'en 1796.

1761   Il rédige la première ébauche du *Neveu de Rameau*.

1769   Il rédige sa trilogie, les trois dialogues qui verront le jour, de façon posthume, en 1830 : *La Suite d'un entretien entre M. d'Alembert et M. Diderot, Le Rêve de d'Alembert* et la *Suite de l'entretien précédent*.

1771   Il rédige la première version de *Jacques le Fataliste*.

1772   Le 9 septembre, il marie sa fille chérie.

1773   Il publie le *Paradoxe sur le comédien*.

1773-1774   Il séjourne en Russie, auprès de Catherine II.

1777   Il publie *Est-il bon ? Est-il méchant ?*

1778   Voltaire meurt le 30 mai, Rousseau le 2 juillet.

1781   Diderot se brouille avec Grimm, devenu de plus en plus conservateur. « Ah ! Mon ami, écrit-il, je vois bien, votre âme s'est amenuisée à Pétersbourg, à Potsdam, à l'Œil-de-bœuf, dans la cour des grands. »

1782   Il publie, anonymement, l'*Essai sur les règnes de Claude et de Néron et sur les mœurs et les écrits de Sénèque*.

1784   Un an après d'Alembert, le 31 juillet, il meurt en mangeant, après avoir conversé avec d'Holbach.

Trois questions
posées au texte

LE RÊVE DE D'ALEMBERT, puisqu'il est placé sous le signe du sommeil et du rêve, voire du délire, ne saurait relater une discussion. La labilité des remarques ne permet pas de parler, au sens strict, d'une argumentation. Ce n'est pas que le texte ne contienne pas d'arguments. Ce n'est pas qu'il ne fonde aucune des idées qui y sont exprimées, ou qu'il ne repose pas sur des connaissances solides. C'est que Diderot, tout simplement, préfère la conversation. Le XVIIIᵉ siècle a élevé cette dernière au rang d'art. C'est cet art qui se déploie dans les salons, particulièrement celui, très prisé, de Julie de L'Espinasse. La conversation, pour être animée, doit être drôle, légère. Elle doit virevolter. Voilà qui correspond parfaitement à la tournure d'esprit de notre philosophe qui, depuis son plus jeune âge, ne craint rien tant que l'ennui. La science ne doit pas, à ses yeux, permettre à la grenouille de se faire aussi grosse que le bœuf. « Je me souviens, déclare d'Alembert, que, dans un exercice public, un pédant de collège, tout gonflé de son savoir, fut mis ce qu'ils appellent au sac par un capucin qu'il avait méprisé. Lui ! mis au sac ! Et par qui ! par un capucin ! Et sur quelle question ! Sur le futur contingent ! sur la science moyenne qu'il a méditée toute sa vie ! » Ce ridicule-là, Diderot, en dépit de toute sa science, de tout son talent, n'en voudra jamais. C'est ainsi que le *Rêve* est une variation musicale, comme un chœur ;

non une sèche dissertation académique à laquelle toute poésie fait défaut.

1.

La pensée est-elle un effet de la matière?

1. *L'origine de la pensée*

La pensée est habituellement présentée comme un privilège de l'homme, qui tient à sa nature intelligible ou suprasensible. Elle est alors rapportée, non au corps, mais à l'âme. Elle est ce qui, dans l'humanité, est à l'image de Dieu. C'est pourquoi Baruch Spinoza (1632-1677) dira d'un Descartes qu'il a inventé, avec le *cogito*, «l'homme-dieu», faisant de l'être humain un empire dans un empire, une exception à la règle, le seul être hors nature dans la nature. Curieusement, cependant, c'est l'explication la plus incompréhensible (l'explication surnaturelle) qui semble poser le moins de difficultés tandis que l'explication la plus légitime (l'explication physique) paraît soulever d'incalculables problèmes. Il vaudrait mieux, paradoxalement, appréhender la pensée comme un fait extraordinaire plutôt que comme un phénomène naturel. Or l'ambition du matérialisme est de faire de l'homme un sujet soumis aux lois de la nature, d'en faire un animal sensible et pensant. C'est ce que Diderot, dans *Le Rêve de d'Alembert*, s'attache à montrer, cherchant, toutefois, à préciser l'origine de la pensée. Dans *La Suite d'un entretien entre M. d'Alembert et M. Diderot* (le premier dialogue), déjà, le personnage Diderot compare un «bloc de marbre» et un «tissu de chair» en indiquant tous les degrés qui font passer de l'un à l'autre, de l'inerte au vivant. «Je fais donc, de la chair ou de l'âme, comme dit ma fille, une matière activement sensible.» Et il ajoute : «Vous m'avouerez qu'il y a bien plus loin d'un morceau de marbre à un être qui sent, que d'un être qui sent à un être qui pense. » Le second passage est, pour Diderot, moins problématique car, pour lui comme pour d'Alembert, Locke « a démontré, comme l'écrit le mathématicien, et bien d'autres après lui, que toutes nos idées, même les idées intellectuelles et morales, viennent de nos sensations ».

2. *L'empirisme*

John Locke (1632-1704) est l'un des chefs de file de l'*Enlightenment* anglais. Il est libéral sur le plan politique, empiriste sur le plan intellectuel. Pour lui, il ne saurait y avoir, contrairement à ce que l'âge classique affirmait, d'idées innées. L'esprit humain prend, au contraire, connaissance du monde comme une *tabula rasa*, une ardoise vierge. « Supposons donc, écrit-il dans son *Essai sur l'entendement humain*, qu'au commencement, l'âme, qu'on appelle une table rase, soit vide de tous caractères, sans aucune idée, quelle qu'elle soit. Comment vient-elle à recevoir des idées ? Par quel moyen en acquiert-elle cette prodigieuse quantité que l'imagination de l'homme, toujours agissante et sans bornes, lui présente avec une variété presque infinie ? D'où puise-t-elle tous ces matériaux qui font comme le fond de tous ses raisonnements et de toutes ses connaissances ? À cela, je réponds en un mot, de l'expérience : c'est le fondement de toutes nos connaissances, et c'est de là qu'elles tirent leur première origine. Les observations que nous faisons sur les objets extérieurs et sensibles, ou sur les opérations intérieures de notre âme, que nous apercevons et sur lesquelles nous réfléchissons nous-mêmes, fournissent à notre esprit les matériaux de toutes ses pensées. » Diderot procédera de façon plus littéraire. C'est en faisant le portrait de d'Alembert, et le récit de sa vie, qu'il entend « faire un pas en avant ». Être matérialiste, ce n'est pas seulement être empiriste. C'est non seulement faire dériver la connaissance de l'expérience, mais c'est aussi faire dériver le sujet de la connaissance du fonctionnement de son organisme. Ainsi, «l'un des plus grands géomètres de l'Europe», cet «être merveilleux», commença par être un «germe rare». Avant même la puberté de ses parents, «les molécules qui devaient former les premiers rudiments de mon géomètre étaient éparses dans les jeunes et frêles machines de l'une et de l'autre, se filtrèrent avec la lymphe, circulèrent avec le sang, jusqu'à ce qu'enfin elles se rendissent dans les réservoirs destinés à leur coalition, les testicules de sa mère et de son père».

3. *Les facteurs organiques*

Dans le premier dialogue, par conséquent, le philosophe ramène indirectement la pensée à de l'organique et, corrélativement, à du généalogique. Sous la conjugaison d'une pluralité d' «agents matériels», et par transitions successives (être inerte, être sentant, être pensant), apparaît ainsi «un être résolvant le problème de la précession des équinoxes, un être sublime, un être merveilleux, un être vieillissant, dépérissant, mourant, dissous et rendu à la terre végétale», le grand d'Alembert lui-même! Diderot relie de la sorte la pensée à la sensibilité. Il la raccorde également à la mémoire. Et il rapporte le génie du savant à une multitude d'agents matériels. Dans une lettre antérieure (du 10 octobre 1765 à Duclos), Diderot avait déjà précisé «que la pensée ne pouvait résulter de la transposition des molécules. C'est que la pensée est le résultat de la sensibilité et que, selon [lui], la sensibilité est une propriété universelle de la matière; propriété inerte dans les corps bruts, comme le mouvement dans les corps pesants arrêtés par un obstacle, propriété rendue active dans les mêmes corps par leur assimilation avec une substance animale vivante. […] L'animal est le laboratoire où la sensibilité, d'inerte qu'elle était, devient active». Avec l'abolition de l'âme, c'est à une destitution de la pensée (et de sa toute-puissance) qu'on assiste dans l'œuvre de

Diderot. C'est sans doute pourquoi le rêve n'apparaît pas, contrairement à ce qu'il représentait chez d'autres philosophes, comme un danger. Diderot, pour le dire autrement, considère sans inquiétude cet état de conscience ordinaire, quoique second.

4. *La sensibilité et la mémoire*

Cette conception, pour être plusieurs fois réaffirmée, pour être solide, n'en est pas moins d'une certaine instabilité. Ce n'est pas une proposition dogmatique. Diderot, dans la dernière partie de sa trilogie (la *Suite de l'entretien précédent*), revient sur le cas du distingué d'Alembert. Celui-ci, réveillé, tire les conclusions des dialogues : « Voilà donc, dit-il, tout ramené à de la sensibilité, de la mémoire, des mouvements organiques. Cela me convient assez. Mais l'imagination ? Mais les abstractions ? » Julie de L'Espinasse entend alors récapituler, à partir des principes énoncés par Bordeu : « Par suite d'opérations purement mécaniques, je réduirais le premier génie de la terre, à une masse de chair inorganisée, à laquelle on ne laisserait que la sensibilité du moment, et que l'on ramènerait cette masse informe de l'état de stupidité le plus profond qu'on puisse imaginer, à la condition de l'homme de génie. » En plaçant le génie du côté de la chair au lieu de lui dresser une statue de marbre, le matérialisme est ouvertement iconoclaste. L'argument de Diderot est ici un argument *a fortiori*. Si l'intelligence supérieure d'un mathématicien de renom se ramène, d'une manière ou d'une autre, directement ou indirectement, à des phénomènes organiques, raison de plus quand il s'agit d'intelligences moyennes ou communes. Dans le *Rêve*, l'affirmation est récurrente. Elle sert aussi de plaidoyer pour la science. C'est à Bordeu que Diderot laisse le soin de défendre ce parti. « Vous voyez, dit-il, l'intelligence unie à des portions de matière très énergiques et la possibilité de toutes sortes de prodiges imaginables. [...] Mais que cette idée a-t-elle d'effrayant ?

Ce serait une épidémie de bons et de mauvais génies. Les lois les plus constantes de la nature seraient interrompues par des agents naturels ; notre physique générale en deviendrait plus difficile ; mais il n'y aurait point de miracles. » Pour le médecin, les sciences de la vie ne sauraient avoir d'autres règles que la physique. Encore faut-il disséquer sans fin pour dire vrai dans le détail. La sensibilité et la mémoire donnent l'unité et la continuité de l'individu : c'est ainsi que peut naître un sujet pensant. Cette double origine de la pensée, pour finir, s'exprime dans le duo formé par la jeune fille et le médecin. L'une dit : «C'est la mémoire de toutes ces impressions successives qui fait pour chaque animal l'histoire de sa vie et de son soi.» L'autre répond : «C'est la mémoire et la comparaison qui s'ensuivent nécessairement de toutes ces impressions qui font la pensée et le raisonnement.»

2.

Y a-t-il une morale matérialiste ?

1. *L'éthique épicurienne*

Comment la morale peut-elle être rapportée au corps, au sensible, à la matière ? Cicéron (106-43 av. J.-C.) avait traduit le grec *ta éthica* par *moralis*, désignant par ce terme les mœurs et le caractère, ainsi que les règles qui orientent la conduite. Ce n'est pas nécessairement le permis et l'interdit que la morale discrimine, ce peut être, plutôt, ce qui est à poursuivre et ce qui est à fuir. «Mais ignorer le souverain bien, déclare Cicéron dans son *De finibus* [*Des vrais biens et des vrais maux*], c'est se condamner à ignorer toute la loi de notre vie, c'est courir le grave danger de se mettre hors d'état d'apprendre dans quel port on pourra chercher asile. En revanche, quand de la connaissance des fins particulières des choses on en est venu à comprendre quel est le bien par excellence ou le comble du mal, notre vie a trouvé sa voie et l'ensemble de nos devoirs leur formule précise. » Ce souverain bien, sera-t-il trouvé dans le plaisir, dans la vertu, ou dans l'union du plaisir et de la vertu ? Toutes les écoles philosophiques antiques cherchent à définir la « vie heureuse ». Schématiquement, les épicuriens subordonnent la vertu au plaisir quand les stoïciens subordonnent le plaisir à la vertu. Dans sa *Lettre à Ménécée*, contrairement à ce que sa réputation lui prête, Épicure (342-270 av. J.-C.), auquel Diderot fait nommément référence dans *Le Rêve de d'Alembert*, considère l'absence de douleur, et la simple joie de vivre, comme le plaisir suprême : l'ataraxie. Pour soulager l'homme de ses maux — souffrances, craintes, déplaisirs — le philosophe propose un quadruple remède, un *tétrapharmakon* : ne pas craindre les dieux qui, autarciques, ne s'intéressent pas aux hommes ; ne pas craindre la mort puisqu'elle est cessation des sensations, d'où proviennent tous les biens et tous les maux ; satisfaire les désirs nécessaires plutôt que de prendre ses rêves pour la réalité ; enfin, se suffire à soi-même en rejetant les opinions vaines. L'éthique épicurienne est bien matérialiste. Elle repose entièrement sur la physique atomiste selon laquelle il n'y a pas d'autre réalité que matérielle. Hédoniste, elle n'en est pas moins une éthique au sens fort de ce terme. Si l'âme n'existe pas en tant que telle, tout n'est pas permis pour autant. Quelle position un lecteur d'Épicure peut-il avoir sur le sujet ? La morale intéresse-t-elle un matérialiste moderne comme Diderot ?

2. *Le contraire d'un puritain*

Diderot reprend l'idée que la mort n'est pas à craindre. « Et la vie ?... se demande d'Alembert. La vie ? Une suite d'actions et de réactions... Vivant, j'agis et je réagis en masse... Mort, j'agis et je réagis en molécules... Je ne

meurs donc point… Non, sans doute, je ne meurs donc
point en ce sens, ni moi ni quoi que ce soit. Naître, vivre
et passer, c'est changer de formes… » Les métamorphoses
de la matière peuvent, étant connues, nous incliner à ne
pas sombrer dans les terreurs les plus ridicules des événe-
ments les plus inévitables. Il serait donc faux de croire que
le matérialisme physique rend la morale obsolète ou super-
fétatoire. Il y a bien, chez Diderot, une philosophie morale
corrélée à sa philosophie physique. Mais elle n'est pas ordinaire. Les plaisirs physiques sont très sévèrement encadrés
et limités par les règles de vie chrétiennes. On ne peut
oublier, par exemple, que Pascal, selon le témoignage de
sa sœur, portait un cilice pour éviter de se laisser aller aux
banals plaisirs de l'existence. Ce philosophe prenait un
tel plaisir à la conversation qu'il entendait pouvoir, dans
l'instant, sans regret ni remords, se mettre en garde
lui-même contre ce qu'il nommait vanité ou misère. Il
est vrai qu'il était particulièrement puritain. Diderot en
est l'exact contraire. Dans *Le Rêve de d'Alembert*, il montre
ce dernier en proie au plus solitaire des plaisirs : la masturbation. « Il n'y a rien de solide, rapporte Julie de
L'Espinasse, que de boire, manger, vivre, aimer et dormir… » « Alors, raconte-t-elle, son visage s'est coloré. J'ai
voulu lui tâter le pouls ; mais je ne sais où il avait caché
sa main. Il paraissait éprouver une convulsion. Sa bouche
s'était entrouverte. Son haleine était pressée. Il a poussé
un profond soupir ; et puis un soupir plus faible et plus
profond encore. » Enfin, le grand savant s'est endormi.
Qu'avait-il rêvé ? Julie, quant à elle, se sent « toute émue
sans savoir pourquoi ». Ce qui pour la majorité représente
l'un des vices les plus abjects, quoique le plus répandu,
ne constitue, pour Diderot, qu'un épiphénomène qui
peut même prendre place dans un dialogue philosophique. La suite du dialogue reviendra, quand il sera
question du plaisir sexuel, sur la masturbation. C'est alors
la demoiselle qui sera mise sur la sellette. « Et les actions
solitaires ? » interrogera Bordeu. Il répondra lui-même :

c'est d'abord un «besoin»; en outre, l'«inutilité» de ce geste, que la procréation ne permet pas de valider rétrospectivement, est-elle une raison suffisante pour «s'interdire» un «moment nécessaire et délicieux»? La réponse, on l'aura deviné, est négative.

3. *Allier plaisir et utilité*

Qu'en est-il, comme le demande Julie de L'Espinasse à Bordeu, des relations sexuelles proprement dites, et du plaisir qu'on y prend? «Je pense, déclare le médecin, que les hommes ont mis beaucoup d'importance à l'acte de la génération, et qu'ils ont eu raison; mais je suis mécontent de leurs lois, tant civiles que religieuses.» Le poète (Horace) a raison, poursuit Bordeu, quand il soutient que «le mérite suprême est d'avoir réuni l'agréable à l'utile». La conséquence qu'en tire Diderot est tout à fait explicite: la chasteté et la continence ne sauraient être regardées comme des vertus. Elles sont sans plaisir et sans utilité pour l'individu comme pour la société. Sont-elles «contre nature»? Une philosophie de la nature ne saurait placer hors de son champ des actions, plus exactement des inactions, qu'elle critique. Tel est, en tout cas, le point de vue défendu par Bordeu. «Tout ce qui est ne peut être ni contre nature ni hors de nature, affirme-t-il. Je n'en excepte même pas la chasteté et la continence volontaires qui seraient les premiers des crimes contre nature, si l'on pouvait pécher contre nature, et les premiers des crimes contre les lois sociales d'un pays où l'on pèserait les actions dans une autre balance que celle du fanatisme et du préjugé.» La morale matérialiste de Diderot n'est pas, comme il le souligne par la bouche de Julie de L'Espinasse («Voilà une doctrine qui n'est pas bonne à prêcher aux enfants»), conforme aux bonnes mœurs, lesquelles reposent sur la continence et la chasteté des femmes. Elle s'avère non compatible avec le christianisme. Elle apparaît, cependant, favorable à l'égalité entre les sexes. Les hommes, habituellement, craignent, avec les relations sexuelles, les maladies ; les femmes, quant à elles, appréhendent le déshonneur. Mais si les uns et les autres sont à égalité ? Eh bien il y aura cas de conscience, comme l'indique la « supposition » de Bordeu. « Vous avez une fille sage, trop sage, innocente, trop innocente. Elle est dans l'âge où le tempérament se développe. [...] Vous m'appelez. Je m'aperçois tout à coup que tous les symptômes qui vous effraient, naissent de la surabondance et de la rétention du fluide séminal. [...] Je vous en indique le remède. Que ferez-vous ? » La jeune femme lui demande alors s'il a déjà prescrit ce remède, et avec quelles réponses maternelles. Positives, lui rétorque le médecin, imperturbable. Au XIXe siècle, le médecin Charcot ne dira, à propos des hystériques, rien d'autre.

Ce qui occupe donc le premier plan dans la philosophie morale que Diderot expose dans son *Rêve de d'Alembert*, c'est à la fois le sexe et la mort. L'un comme l'autre doivent être appréhendés avec naturel. Tel est le placide enseignement du philosophe.

3.

Peut-on vivre sans Dieu ?

1. *Physique et théologie*

« Croyez-vous, Mademoiselle, qu'il soit indifférent de nier ou d'admettre une intelligence suprême ? » La vérité peut-elle sortir de la bouche des rêveurs ? L'athéisme n'est pas le sujet principal du *Rêve*, mais il est la conséquence de la philosophie matérialiste qui y est développée. On ne peut en effet, sans contradiction, considérer que la nature est entièrement matérielle et que rien n'existe en dehors d'elle, et soutenir l'existence d'un être immatériel, intelligible, tout-puissant, dont le monde serait la création. Physique et théologie s'excluent irrémédiablement. C'est bien pourquoi les premières lignes de *La Suite d'un entretien entre M. d'Alembert et M. Diderot* mettent en évidence les contradictions qu'implique nécessairement l'idée d'un «être qui existe quelque part et qui ne correspond à aucun point de l'espace». Cependant, Diderot ne manque pas de signaler aussitôt que «d'autres obscurités attendent celui qui le rejette». Il est difficile d'éviter le «galimatias métaphysico-théologique» (qu'on trouve dans la thèse de la préformation de l'embryon) tout autant que le scepticisme que revendique d'Alembert. Pour Diderot, ce scepticisme n'est qu'un avatar du dogmatisme, le seul véritable ennemi de la pensée. «Je vois le matin la vraisemblance à ma droite, dit d'Alembert; et l'après-midi, elle est à ma gauche.» «C'est-à-dire que vous êtes dogmatique pour le matin, rétorque Diderot, et dogmatique contre, l'après-midi.» Après avoir vraiment poussé le mathématicien dans ses derniers retranchements, pour le faire sortir d'une incertitude qui manque, au fond, de sincérité, Diderot lui propose de prendre une expression biblique au sens propre : *Et memento quia pulvis es, et in pulverem reverteris*, «Souviens-toi que tu es poussière et que tu redeviendras poussière». «Accordez à l'homme, précise le philosophe, je ne dis pas l'immortalité, mais seulement le double de sa durée, et vous verrez ce qui en arrivera.» Voilà la raison fondamentale pour laquelle il faut arrêter de tergiverser et accepter de pouvoir nier, tout simplement, l'existence de Dieu. Tout à l'audace de ses pensées, Diderot n'en déploie pas moins un dispositif complexe (et ingénieux) propre à le protéger, en dépit du scandale du propos. Il faut rappeler que le texte ne fut publié que de façon posthume. Mais il circula, sous forme manuscrite, puisqu'il fut même envoyé à la tsarine Catherine assorti des *Fragments* ainsi que des *Éléments de physiologie*. Diderot prétendit alors qu'il s'agissait de la reconstitution de textes «charcutés» et que les *Fragments* sont des restes qu'il n'a pas su replacer dans les dialogues. Le mélange des genres de discours constitue le déguisement caractéristique de tout rêve, qu'il soit réel ou littéraire.

2. L'athéisme

Ce qu'il faut ici retenir, c'est que la foi ne fait pas l'objet d'un combat. L'athéisme n'a pas besoin d'arguments antithéologiques. Diderot, s'inspirant autant de la science que de la philosophie, procède ici à un déplacement des questions. Les sciences de la nature suffisent-elles pour perdre toute foi en un Dieu créateur ? Sans doute pas. Pas plus, certainement, que la beauté des fleurs ne suffit pour « prouver » l'existence de Dieu. Diderot, lorsqu'il montre qu'on peut très bien (voire mieux) vivre sans Dieu(x) plutôt qu'avec, ne cherche pas à démontrer quoi que ce soit. Il n'entend pas apporter quelque preuve que ce soit de la non-existence d'un être supranaturel. Il souhaite simplement éviter les incohérences et les inconséquences. Ce faisant, il reste, à son corps défendant, métaphysicien, car il tire des conséquences ontologiques et globales de considérations gnoséologiques particulières. « Croyez-vous, interroge Bordeu, qu'on puisse prendre parti sur l'Intelligence Suprême, sans savoir à quoi s'en tenir sur l'éternité de la matière et ses propriétés, la distinction des deux substances, la nature de l'homme et la production des animaux ? » Pour Julie de L'Espinasse, qui répond par la négative, ce parti ne peut être que conclusif.

3. Une morale sans religion

Dans les *Pensées philosophiques*, en 1745, Diderot avait imaginé un dialogue entre un athée, un déiste, des métaphysiciens, des théologiens et des dévots. L'athée y développe un plaidoyer en faveur du matérialisme, procédant ainsi à l'inverse des protagonistes du *Rêve*. Le déiste, qui, peut-être, incarne alors la position de Diderot, convoque la science naturelle, et notamment la thèse des «germes préexistants», contre l'athéisme, affirmant, comme si la question pouvait être traitée comme une question de science naturelle, que «ce n'est que dans les ouvrages d'Hartsoecker et de Nieuwentyt, qu'on a trouvé des preuves satisfaisantes de l'existence d'un être suprêmement intelligent». Lorsqu'il publie, en 1762, son *Addition aux Pensées philosophiques*, le philosophe se montre plus virulent. «Voilà ce que je pense du dogme chrétien : je ne dirai qu'un mot de sa morale. C'est que, pour un catholique père de famille, convaincu qu'il faut pratiquer à la lettre les maximes de l'Évangile sous peine de ce qu'on appelle l'enfer, attendu l'extrême difficulté d'atteindre à ce degré de perfection que la faiblesse humaine ne comporte point, je ne vois d'autre parti que de prendre son enfant par un pied, et que de l'écacher [écraser] contre la terre, ou que de l'étouffer en naissant. Par cette action il le sauve du péril de la damnation, et lui assure une félicité éternelle ; et je soutiens que cette action, loin d'être criminelle, doit passer pour infiniment louable, puisqu'elle est fondée sur le motif de l'amour paternel, qui exige que tout bon père fasse pour ses enfants tout le bien possible.» Diderot défend le paradoxe que vivre religieusement c'est se condamner au malheur de ne pouvoir y parvenir. Mieux vaut alors, comme le montre discrètement le *Rêve*, vivre sans Dieu, en tout cas sans y penser, et jouir sans culpabilité de tous les plaisirs que l'existence humaine peut procurer, des plus physiques aux plus intellectuels, des plus grossiers aux plus raffinés. En ce sens, les élucubrations d'un mathématicien, d'un médecin et d'une jeune intellectuelle des Lumières constituent, dans leur ensemble, une profession de foi.

Deux ans après la rédaction du *Rêve*, en 1771, Diderot rend visite à Victor-François de Broglie, maréchal de France. Comme son hôte est absent, le philosophe s'entretient avec son épouse, une femme très pieuse. Diderot publiera le texte sous une fausse attribution, en 1777, sous le titre *Entretien d'un philosophe avec la maréchale de****. La maréchale «était dans l'opinion que celui qui nie la très sainte Trinité est un homme de sac et de corde, qui finira par être pendu». En face d'elle, Crudeli représente l'homme qui ne croit rien mais qui, cependant, a la morale d'un croyant ou, tout du moins, d'un honnête homme. «Quoi! vous ne volez point, vous ne tuez point, vous ne pillez point?» s'exclame la maréchale. «Très rarement» rétorque, ironiquement, Crudeli. Si Dieu n'existe pas, en effet, tout n'est pas pour autant permis. La religion, telle une invention de misanthrope, est, à l'inverse, inséparable de ses abus. «Si un misanthrope s'était proposé de faire le malheur du genre humain, qu'aurait-il pu inventer de mieux que la croyance en un être incompréhensible sur lequel les hommes n'auraient pas pu s'entendre, et auquel ils auraient attaché plus d'importance qu'à leur vie?» Loin d'être un symbole de paix, le Dieu des chrétiens, le Dieu des philosophes, le Dieu des savants est, pour l'humanité, une pomme de discorde.

Groupement de textes

Un esprit sain
dans un corps sain?

LORSQUE LES GRECS ET LES ROMAINS parlaient du corps, ils désignaient, étrangement, le corps mort, que ce soit avec le terme *soma* (par opposition au *dema* qui renvoie au vivant) ou avec le mot *corpus* (par opposition à *anima*, qui signifie âme). L'anatomie elle-même, parce qu'elle dépendait des dissections, a mis en avant des images de corps qui avaient perdu la vie. Il aura fallu du temps, par conséquent, pour que le corps animal ou humain soit appréhendé pleinement comme un corps vivant. Parallèlement, ce corps que Diderot met à l'honneur a été longtemps dévalué, considéré comme second, par rapport à l'âme. Tout au plus pouvait-on souhaiter ou préférer la santé à la maladie. La formule proverbiale « un esprit sain dans un corps sain » exprime cette idée. Mais il y a encore loin de la santé du corps aux plaisirs physiques. Ceux-ci ont traditionnellement fait l'objet de désapprobation parce qu'ils étaient considérés comme détournant de la vertu. Ils étaient exclus du champ médical. La médecine et la morale ont donc des frontières et des point communs. Progressivement, la sexualité sera déplacée de la morale (où elle est encadrée) à la médecine (où elle est normée). Progrès de la médecine et évolution de la morale vont ainsi de pair et passent, quelquefois, par des redéfinitions de la santé, notamment lorsque « l'âme » et « le corps » sont conçus comme une seule et même chose. La propreté, les organes génitaux, la sexualité, les aléas de la reproduction vont devenir des sujets « scientifiques ». Ils n'en demeurent pas moins familiers et… étrangers, car peut-on oublier qu'ils témoignent, comme le reste, de la subjectivité individuelle ? Il faudra attendre, finalement, le xxe siècle pour que, du moins en Europe, on appréhende globalement d'une part, socialement d'autre part, la santé et la maladie non pas seulement du corps humain mais de l'être humain.

1.

Georges VIGARELLO (né en 1941)

Le Propre et le sale.
L'hygiène du corps depuis le Moyen Âge (1985)
(Seuil, repris en « Points »)

Les années 1760 constituent un tournant dans l'histoire du propre, du sale et de l'hygiène corporelle. Au moment où Diderot écrit Le Rêve de d'Alembert *se développe par exemple la mode des bains froids, qui sont censés prémunir les enfants contre la « mollesse » et stimuler leur vitalité. L'article « Froid » de l'*Encyclopédie *en précise la fonction : « En tenant les vaisseaux dans un état de plus grande constriction, et en donnant lieu, par là, à l'augmentation des résistances, le bain froid occasionne plus d'action et plus d'effort par conséquent de la puissance motrice pour les vaincre, d'où l'augmentation du mouvement progressif des humeurs. » Georges Vigarello montre combien, dans cette évolution qui accorde un rôle grandissant à l'eau, tout simplement, l'hygiène est liée à la bienséance, puis à la médecine. La remise en cause des artifices constitue, en ce sens, le bain (froid) dans lequel Diderot est immergé lorsqu'il se plonge dans les fibres les plus subtiles de l'animal humain. Avec l'eau, c'est la peau qui, dans sa naturalité, est mise à l'honneur. Le siècle suivant verra se développer les images de peaux abîmées, de peaux malades, à tel point que l'état*

de la peau deviendra, comme aujourd'hui, non seulement un
signe de propreté mais, également, de santé physique.

La propreté s'allie aux essences printanières, aux objets
gorgés de vie, au plus près en tout cas d'une force du
corps. Elle est bien dynamisme et vigueur.

Il s'agit d'inventer pour le corps une autre autonomie :
mieux le distinguer de ses panoplies ou de ses tuteurs, travailler des qualités appartenant en propre au sujet, coder
une vitalité indépendante de la parure et du maintien.
Fraîcheur, netteté ou même éclat, l'association porte toujours sur l'organique. C'est sur lui que s'inscrit la valence
nouvelle. Elle s'oppose aux anciens repères du paraître,
elle affirme une force plus « interne ». Ce qui ne veut
évidemment pas dire que cette valeur soit précise et
moins encore qu'elle ait un sens proche des propretés
d'aujourd'hui. Bien peu d'ablutions chez Rousseau par
exemple, en dehors de quelques allusions aux bains froids
de l'enfance. L'eau n'est pas évoquée pour la toilette de
Julie. La transmutation qui s'y opère est pourtant celle de
la « simplicité » : « Elle retrouve l'art d'animer ses grâces
naturelles sans les couvrir ; elle était éblouissante en sor-
tant de sa toilette. » Bien peu d'insistance aussi sur le rôle
socialement sanitaire de la propreté, malgré l'évidente
« promotion » de celle-ci. Tissot lui-même, recensant en
1765 les causes des maladies du peuple, évoque l'ivro-
gnerie ou l'excès de travail et non le propre ou le mal-
propre.

Mais l'opposition entre nature et artifice, simplicité et
affectation, importante dès 1760 et plus encore après
1780, marque un infléchissement de la sensibilité à la propreté. Transformation d'autant plus importante qu'elle
engendre de nouvelles catégories de pensée : travail du
corps, manifestation d'une vigueur (fût-elle formelle), la
propreté appartient maintenant au manuel du médecin
bien plus qu'au manuel de civilité. Elle est moins une
connotation de la parure qu'une connotation de la santé.
Elle touche au régime des humeurs, à la disponibilité des
membres, à l'état directement physique du corps. Un travail de l' « intérieur », déjà, plus que de la seule surface.
Le docteur B. C. Faust lance un appel en 1792 : « Nos

habits sont de fer, ils sont l'invention des siècles barbares et gothiques. Il faut que vous brisiez aussi ces fers si vous voulez devenir libres et heureux » ; cet appel a aussi sa correspondance quant à la « vie » de la peau : attaquer la crasse, c'est donner plus de force aux fonctions et plus de liberté aux organes. La propreté n'est pas faite seulement pour le regard.

Les traités d'hygiène rationalisent une nouvelle fois la représentation des pores : leur entretien donne une issue aux transpirations, tout en assurant au sang plus de fluidité. Face aux vieilles images des engorgements et obstructions circulatoires, nées après la découverte d'Harvey[1], au XVIIᵉ siècle, face aux risques diffus de blocages et de pléthores, la propreté oppose maintenant une légitimité mieux affirmée.

2.

Élisabeth de FONTENAY

Diderot ou le Matérialisme enchanté (1981)

(Grasset, repris en « Livre de poche »)

Comme le montre abondamment Le Rêve de d'Alembert, *le corps féminin est l'objet d'une vive curiosité et d'immenses interrogations. En son centre — telle est du moins, au XVIIIᵉ siècle, la perception dominante — la matrice est considérée comme étant l'origine de tous les maux. Si elle peut porter un enfant à venir, que ne peut-elle contenir ? C'est ce dispositif épistémique qu'Élisabeth de Fontenay détaille dans un chapitre qu'elle a intitulé « Je ne sais quoi d'infernal ou de céleste ». Elle montre ici combien il a été difficile de connaître les organes sexuels féminins sans les créditer d'une puissance imaginaire sur la santé et la maladie. En effet, c'est parce que ces organes peuvent faire à la fois peur et horreur (pensons par exemple au mythe du vagin denté) qu'ils sont*

---

1. William Harvey (1578-1657), médecin et physiologiste anglais, découvrit le mécanisme de la circulation sanguine.

tenus pour une cause explicative. La question, au fond, est posée par la différence sexuelle.

Au XVIIIᵉ siècle, le discours et la pratique médicale se libère de ses anciennes croyances, puisque vapeurs et suffocations ne sont plus expliquées par les migrations de la matrice et qu'elles menacent, par conséquent, les hommes autant que les femmes. Pourtant, la «fureur utérine» fait encore longuement parler d'elle : dans un article de l'*Encyclopédie*, par exemple, ou dans l'*Histoire naturelle* de Buffon. Une même incertitude fait hésiter la thérapeutique : La Mettrie déconseille les «antispasmodiques fétides» alors que Hunauld[1] prescrit encore les fumigations. Le *Dictionnaire de médecine* de Robert James, à la traduction duquel collabora Diderot, considère, avec Sydenham, la passion hystérique et l'affection hypocondriaque comme une seule et même maladie, mais toutefois, lorsqu'il s'agit des femmes, recommande, avec Hippocrate, de «faire recevoir à la malade l'odeur de quelques substances fétides».

Ces contradictions indiquent combien tâtonne le *progrès* des Lumières. Aussi a-t-on bien du mal à caractériser la réunion qui unit la planche de l'*Encyclopédie* et les articles qui lui correspondent : *matrice, maladie de la matrice*. L'image, en réalité, semble marquer à la fois un retard et une avance sur le texte et c'est par elle, bien plus que par les articles signés Jaucourt […], que va se populariser l' «économie animale», dont le XVIIIᵉ siècle, renouant parfois avec la Renaissance et repliant ses médecins sur Montpellier, aura produit le moderne concept.

Haller, qui avait donc inspiré cette représentation de la matrice, s'opposait radicalement aux thèses buffoniennes sur la stricte équivalence anatomique de l'homme et de la femme.

«C'est pourquoi nous repousserions comme une plaisanterie l'avis de quelques Anciens qui ont écrit que la femme possédait intérieurement les mêmes organes que ceux que l'homme possède extérieurement, si cette opinion,

---

1. En 1756, il publie une *Dissertation sur les vapeurs et les pertes de sang*.

rééditée depuis, n'avait été renouvelée récemment, et presque sur un ton sérieux, par les hommes les plus éminents. Qu'il suffise de rappeler que les parties génitales ne sont en aucun point semblables dans les deux sexes, et qu'enfin tout le corps est différent dans les deux sexes jusqu'en ses éléments. La femme n'a ni épididyme, ni vésicules séminales, ni prostate, ni bulbe de l'urètre. L'homme n'a ni vagin, ni matrice, ni trompe. »

Et voici que Diderot, après avoir poussé à bout la théorie de Buffon, s'approprie celle de Haller et l'exaspère pour mieux relever le signe métonymique de la féminité : c'est la matrice qui va fissurer et désassembler l'ordre géométrique des parties, cet ordre d'une trop cartésienne étendue, celui que postulait, par exemple, l'établissement de l'harmonie sexuelle lorsque, dans les *Bijoux indiscrets,* on recherchait l'exact ajustement des bijoux mâles avec les bijoux femelles. La matrice constitue donc une refente et son abyssale supplémentarité confère au corps féminin, dans l'ordre de la vie, la plus éminente dignité tératologique [1].

3.

François JACOB (né en 1920)

La Logique du vivant.
Une histoire de l'hérédité (1976)

(Gallimard, « Tel » n° 2)

Le vivant est non seulement l'objet d'une curiosité mais aussi d'une intense fascination. Ce qu'un accouplement peut produire ne laisse personne indifférent, ignorant ou savant, homme ou femme, médecin ou philosophe. L'être vivant se trouve, en ce sens, à la croisée des chemins. Les hommes ont ainsi cherché, par l'hybridation, à inventer artificiellement de nouvelles formes, végétales (pensons à toutes les roses possibles et imaginables, ou encore à la

---

1. La tératologie est la science des monstres.

tulipe noire) ou animales (les bœufs d'aujourd'hui ne ressemblent en rien à ceux du passé). Comme le montre François Jacob, dans un livre qui retrace les jalons de la découverte progressive des lois de l'hérédité, « la nature » décide, en dernier ressort, de la viabilité des êtres vivants possibles. Peut-on égaler ou surpasser « la nature » ? Rien n'est moins sûr.

Afin de satisfaire à la mode, on invente chaque année de nouvelles espèces de plantes ou d'animaux, on corrige les formes, on varie les couleurs. Pour Maupertuis comme pour Darwin un siècle plus tard, ce que réalise ainsi l'art de l'éleveur sert de modèle pour imaginer ce qui se produit spontanément dans la nature en fait d'espèces nouvelles. Chez l'homme, par exemple, à travers les hasards de l'accouplement apparaissent des races de malades ou d'individus à la figure avantageuse, de colosses ou de boiteux, de beautés ou de louches. Mais l'attrait qu'inspirent les uns et le dégoût les autres décident de leur descendance, c'est-à-dire du maintien de ces traits exceptionnels ou de leur disparition. Le caractère phtisique[1] est rapidement éliminé. La finesse de la jambe, au contraire, s'améliore souvent de génération en génération. Avec son goût pour les grenadiers de belle stature, Frédéric-Guillaume est arrivé à élever la taille de son peuple. En imitant les éleveurs, on doit donc parvenir à créer chez l'homme des types nouveaux. « Pourquoi ces sultans blasés dans des sérails qui ne renferment que des femmes de toutes les espèces connues ne se font-ils pas faire des espèces nouvelles[2] ? »

Avec ces deux mécanismes, la combinatoire de formes visibles chez les êtres vivants répond à celle des particules qui, dans les semences, participent à la reproduction. Des anomalies dans l'approvisionnement en particules ou des vices d'assemblage lors de la formation de l'embryon donnent naissance à tous les possibles en fait d'êtres vivants. Mais pour Maupertuis, comme pour Buffon et Diderot, toutes les réalisations ne sont pas viables. Parmi toutes les

---

1. L'aspect maladif, chétif.
2. Maupertuis, *Vénus physique, Œuvres*, t. II, p. 110. (*Note de François Jacob.*)

combinaisons fortuites que forme la nature, seules peuvent subsister celles qui possèdent « certains rapports de convenance [1] ». Le hasard a donné naissance à une multitude d'individus. Chez un petit nombre d'entre eux seulement, l'arrangement des organes satisfait aux besoins de l'organisme : ils ont survécu. Dans la plupart, au contraire, quelque désordre de constitution a empêché tout essor : ils ont péri. « Des animaux sans bouche ne pouvaient pas vivre, d'autres qui manquaient d'organes pour la génération ne pouvaient se perpétuer : les seuls qui sont restés sont ceux où se trouvaient l'ordre et la convenance [2]. » Dans cette exubérance des êtres possibles qu'entraînent les variations à l'infini, c'est en fin de compte la nature qui choisit.

4.

François DAGOGNET (né en 1924)

Le Corps multiple et un (1992)

(Les Empêcheurs de penser en rond)

Dans Le Rêve de d'Alembert, *Diderot — est-ce un hasard ? — parle de la sensibilité comme d'une manière d'être touché et fait, en définitive, du tact le paradigme de la sensibilité. Dans le même temps, il accorde une place essentielle à la sexualité, qu'elle s'accomplisse à deux, notamment homme et femme, ou seul, comme la masturbation et le rêve érotique de d'Alembert le révèlent. Ce n'est toutefois que bien plus tard que la sexualité et toutes les formes du toucher seront corrélées : celui-ci étant alors traité, globalement, comme la traduction, mais également la trahison, de celle-là. François Dagognet, dans un livre consacré à l'histoire du corps et de sa connaissance, rend ici tribut à Sigmund Freud d'avoir découvert les liaisons secrètes entre le psychisme humain et les gestes cor-*

---

1. Maupertuis, *Essai de cosmologie, Œuvres*, t. I, p. 11. (*Note de François Jacob.*)
2. *Ibid.*

porels, qu'ils soient volontaires ou involontaires. Il montre ici ce que toucher veut dire.

Aussi bien dans *Le mot d'esprit* que dans la *Psychopathologie de la vie quotidienne*, Freud a recensé les «actes symptomatiques et accidentels». «Ils expriment, selon lui, quelque chose que l'auteur de l'acte lui-même ne soupçonne pas et qu'il a généralement l'intention de garder pour lui, au lieu d'en faire part aux autres.»

De là, toute une série de questions et de réponses : pourquoi se ronger les ongles ou tirailler sa barbe ou jouer avec sa chaîne de montre ? Pourquoi le pétrissage, sous nos yeux, de la mie de pain ou de toute autre substance plastique ? Pourquoi mettre les doigts dans son nez ? Pourquoi tirer sur ses habits ? Pourquoi encore secouer ses clés ou des pièces de monnaie dans le fond de sa poche ? Pourquoi laisser à découvert telle ou telle partie de son corps ? Pourquoi enlever et remettre l'alliance qu'on porte ? Pourquoi agiter sa jambe compulsivement, puisque le mouvement rythmé est totalement interdit ?

Freud le souligne : «Celui dont les lèvres se taisent bavarde avec le bout de ses doigts ; il se trahit par tous ses pores. C'est pourquoi la tâche de rendre conscientes les parties les plus dissimulées de l'âme est parfaitement réalisable.» Qui douterait que la plupart de ces gestes ne revêtent une signification sexuelle et qu'ils ne suscitent alors l'interdiction ?

Le seul fait de se gratter le nez ou de se toucher (les doigts dans le nez ou même dans les oreilles, les yeux trop souvent frottés, les ongles particulièrement soignés, les cheveux secoués) va à l'encontre de ce qui éloigne les corps les uns des autres et plus nettement encore du nôtre (la masturbation redoutée et symbolisée). Les contacts ne sont-ils pas justement surveillés ? Ils le sont tellement qu'on devra même s'abstenir de «toucher» les objets qui appartiennent à autrui (ils représentent celui qui en use) de même qu'on se gardera de trop entourer ou de palper les siens. Partout est préconisé et imposé l'évitement (guerre aux enlacements ou aux agrippements !). Et comment ne se méfierait-on pas d'un corps insistant, trop présent et oppressant ? Aussi le met-on à distance tant lui-même par rapport à lui-même que par rapport aux autres.

Assurément, l'homme inventera des ruses pour échapper à cette violence : l'auto-affection défendue trouvera mille feintes ; ainsi, comment ne pas caresser le chat qui ronronne autour de soi ? N'est-ce pas le substitut d'un geste condamné ? Mais il prend l'air d'une conduite seulement tolérée et sensible, sinon familière. Du même coup, il glisse.

Tous ces gestes, sans oublier les maladresses, les brusqueries et les méprises, nous « trahissent », d'autant qu'il convient de distinguer deux types de mouvements, les intentionnels, commandés par un but (avec eux une simple manipulation ou une préhension), et les purement expressifs. Et encore convient-il de nuancer cette séparation, parce que la seule façon dont nous nous emparons d'un objet peut déjà traduire la fièvre captatrice, la crainte d'une dépossession, l'orgueil d'une saisie violente, ou, à l'inverse, une prise faiblement assurée, mal coordonnée, le désintérêt.

5.

Louis-Ferdinand CÉLINE (1894-1961)

Voyage au bout de la nuit (1932)

(Folioplus classiques n° 60)

Lorsque que Céline publie Voyage au bout de la nuit, *en 1932, qui obtient le prix Renaudot, il décrit, dans un style totalement neuf, qui honore le parler populaire, des expériences fortes, comme celle de la guerre, comme celle, aussi, de la médecine. L'auteur a fait des études de médecine ; il a effectué ses premiers stages en gynécologie et en obstétrique. Le regard du médecin, Céline le sait de l'intérieur, dévoile tous les faux-fuyants. Avoir mal, souffrir, être malheureux représentent, dans le fond, de l'intraitable. C'est donc par le symptôme que le médecin a accès à la vérité du patient. Quant au patient, ce qui l'inquiète et le rend malade, c'est sa vie,*

et sa mort. Pour l'oublier on peut, comme Céline le montre ici, s'en-
detter. «Voyager, c'est bien utile, ça fait travailler l'imagination.
Tout le reste n'est que déceptions et fatigues. Notre voyage à nous
est entièrement imaginaire. Voilà sa force. Il y va de la vie et de
la mort.» Tel est l'avertissement que l'auteur adresse au lecteur.
«Et puis d'abord, poursuit-il, tout le monde peut en faire autant.
Il suffit de fermer les yeux. C'est de l'autre côté de la vie.»

Enfin, leur pavillon possédé, bien possédé et tout, plus un sou de dettes, ils n'avaient plus à s'en faire tous les deux du côté de la sécurité! C'était dans leur soixante-sixième année.

Et voilà justement qu'il se met, lui alors, à éprouver un drôle de malaise, ou plutôt, il y a longtemps qu'il l'éprouvait, cette espèce de malaise mais avant, il n'y pensait pas, à cause de la maison à payer. Quand ce fut de ce côté-là une affaire bien réglée et entendue et bien signée, il s'est mit à y penser à son curieux malaise. Comme des étourdissements et puis des sifflets de vapeur dans chaque oreille qui le prenaient.

C'est vers ce moment-là aussi qu'il s'est mis à acheter le journal puisqu'on pouvait bien se le payer désormais! Dans le journal c'était justement écrit et décrit tout ce qu'il ressentait Henrouille dans ses oreilles. Il a alors acheté le médicament qu'on recommandait dans l'annonce, mais ça n'a rien changé à son malaise, au contraire; ça avait l'air de lui siffler davantage encore. Davantage rien que d'y penser peut-être? Tout de même ils ont été ensemble consulter le médecin du Dispensaire. «C'est de la pression artérielle» qu'il leur a dit.

Ça l'avait frappé ce mot-là. Mais au fond cette obsession lui arrivait bien à point. Il s'était tant fait de bile pendant tellement d'années pour la maison et les échéances du fils, qu'il y avait comme une place brusquement de libre dans la trame d'angoisses qui lui tenait toute la viande depuis quarante années aux échéances et dans la même constante craintive ferveur. À présent que le médecin lui en avait parlé de sa tension artérielle, il l'écoutait sa tension battre contre son oreiller, dans le fond de son oreille. Il se relevait même pour se tâter le pouls et il restait après là, bien immobile, près de son lit, dans la nuit, longtemps, pour sentir son corps s'ébranler à petits coups mous, chaque fois que son cœur battait. C'était sa mort, qu'il se disait, tout ça, il avait toujours eu peur de la vie, à présent il rattachait sa peur à quelque chose, à la mort, à sa tension, comme il l'avait rattachée pendant quarante ans au risque de ne pas pouvoir finir de payer la maison.

Il était toujours malheureux, tout autant, mais il fallait cependant qu'il se dépêche de trouver une bonne raison nouvelle pour être malheureux. Ce n'est pas si facile que ça en a l'air. Ce n'est pas le tout de se dire «Je suis malheureux». Il faut encore se le prouver, se convaincre sans appel. Il n'en demandait pas davantage : Pouvoir donner à la peur qu'il avait un bon motif bien solide, et bien valable. Il avait 22 de tension, d'après le médecin. C'est quelque chose 22. Le médecin lui avait appris à trouver le chemin de sa mort à lui.

Prolongements

Sujets de dissertation

- Je sens, donc je suis.
- Que soigne le médecin ?
- « On ne sait ce que peut le corps » (Spinoza).
- Le normal et le pathologique.
- Du corps humain, que veut-on savoir ?

À voir

- *La Grande Bouffe*, de Marco FERRERI, 1973. Denis Diderot partage avec David Hume (1711-1776), son contemporain, le goût pour la bonne chère. C'est bien pourquoi il est personnellement très intéressé, comme il le montre dans *Le Rêve de d'Alembert*, par le phénomène de la digestion. Le film de Ferreri, quant à lui, est centré sur l'ingestion, l'incorporation, la consommation. Quatre amis se réunissent un week-end pour se livrer à un suicide gastronomique : pour manger à en crever. Ugo se met en cuisine. Marcello fait venir des prostituées. *La Grande Bouffe*, dédié aux plaisirs du ventre, fit scandale. Présenté à Cannes, pour le festival, le film fut hué, et lors de sa sortie en salles, il fut interdit aux moins de dix-huit ans.
- *L'Homme qui rit*, de Paul LENI, 1928. *L'Homme qui rit* est

un roman que Victor Hugo publia en 1869. Le romancier raconte l'histoire d'amour qui se noue entre deux orphelins adoptés par Ursus (l'ours), un homme aussi généreux que bourru, qui vit avec son loup, Homo (nommé ainsi par référence, ironique, à la fameuse phrase « l'homme est un loup pour l'homme »). Gwynplaine, l'homme qui rit, a le visage entièrement déformé par les voleurs d'enfants qui l'ont enlevé quand il était tout jeune. Il aime Déa qui, elle, est aveugle, et ne peut se rendre compte de la laideur de son compagnon d'infortune. Le film de Paul Leni est une œuvre expressionniste dans laquelle les tourments de Gwynplaine sont rendus à merveille.

- *Freaks ou la Monstrueuse Parade*, de Tod BROWNING, 1932. Ce film extraordinaire, qui porte sur les « monstres » (*freaks*), présente une tragédie. Dans un cirque, Hans, l'illusionniste, qui est lilliputien, est fiancé avec sa partenaire de scène, elle-même lilliputienne. Mais il tombe amoureux de la magnifique Cléopâtre, la trapéziste, qui est grande, belle, « normale ». Celle-ci commence par jouer le jeu mais elle noue secrètement une relation avec Hercule, un homme fort. Tout ne serait que comédie si, apprenant que Hans hérite d'une fortune, Cléopâtre n'acceptait de l'épouser pour pouvoir le tuer et hériter à son tour. Le regard du réalisateur sur tous ces êtres bizarres, comme les sœurs siamoises, est poignant. Le cirque a exploité, dans l'Histoire, les difformités et les infirmités de femmes et d'hommes qui n'ont pu, pour cela, vivre comme les « autres ».

À lire

- *L'Énigme de la Vénus hottentote*, de Gérard BADOU, Payot et Rivages, 2002. Saartjie Baartman, Sawtche de son vrai nom, serait née en 1789 d'un père khoikhoï et d'une mère bochiman. Esclave d'un fermier afrikaner, elle est remarquée par un chirurgien de la Royal Navy en raison de ses fesses énormes et de ses organes sexuels protubérants. Elle est pour lui un spécimen, qu'il emporte en 1810 en Europe où elle est exhibée dans les zoos humains, voués aux sauvages et autres êtres « exotiques ». Elle entame sa triste carrière en Angleterre, où on la surnomme Vénus hottentote, et la termine en France, à Paris, où elle est passée des foires aux cabarets, des zoos aux bordels et où elle meurt le 29 décembre 1815. Vivante, cette femme fut dévoyée par une curiosité malsaine et malfamée. Morte, elle fut sacrifiée à l'autel d'une science aussi raciste que moderne, aussi cruelle que désintéressée. Le Muséum national d'histoire naturelle français était à l'époque dirigé par un éminent savant, Étienne Geoffroy Saint-Hilaire, qui demande à l'examiner. Ses conclusions ? Cette femme ressemble à un singe, que ce soit par le visage, proche de celui d'un orang-outang, ou par les fesses, similaires à celles des mandrills. Georges Cuvier, autre scientifique distingué, décide de la disséquer aux fins de prouver l'infériorité de ces êtres bizarres. Il fait un moulage du corps de Saartjie Baartman. Il prélève son squelette complet. Les deux seront exposés au musée de l'Homme, à Paris, jusqu'en 1974. Il extrait enfin du cadavre de l'infortunée son cerveau et ses organes génitaux qu'il enferme (séparément) dans des bocaux de formol. En 1994, Nelson Mandela demande solennellement à la France la restitution des restes de la Vénus hottentote. Le 9 mai 2002, la dépouille de Saartjie Baartman est enfin, après que la France eut longtemps tergiversé, purifiée et brûlée selon le rite khoikhoï.

- *Histoire de la sexualité*, Michel FOUCAULT, 1976-1984. En 1976, Michel Foucault (1926-1984) publie, chez Gallimard, *La Volonté de savoir*, une critique du dispositif médical et psychologique qui fait de l'aveu (au confesseur, au médecin) une des pièces maîtresses du pouvoir. Ce premier tome sera suivi de *L'Usage des plaisirs* et *Le Souci de soi*. Dans le premier volume de cette histoire, Michel Foucault récuse l'idée selon laquelle la répression de la sexualité aurait progressivement diminué, rendant ainsi, grâce à leur « libération », les êtres humains plus heureux. « Ne pas croire, y affirme-t-il, qu'en disant oui au sexe, on fait non au pouvoir, on suit au contraire le fil du dispositif général de sexualité. C'est de l'instance du sexe qu'il faut s'affranchir. »

- On pourra se faire une idée plus précise des débats contemporains autour du vivant en consultant *Au bazar du vivant*, Éd. du Seuil, 2001, de Christian GODIN, qui est philosophe, et de Jacques TESTARD, qui est biologiste. En exergue du livre, une citation du *Faust* de Goethe : « L'ancien mode de procréer, nous le déclarons vaine plaisanterie… » Tout un programme, qui invite à la réflexion.

- De façon plus globale, on lira avec profit le « Que sais-je ? » de Michela MARZANO, *Philosophie du corps*, PUF, 2007, ainsi que son *Dictionnaire du corps*, PUF, 2007. L'auteur enquête sur la difficulté qu'il y a à penser, tout simplement, le corps humain, et à en parler de la façon la plus appropriée. Le corps n'est ni une simple chose ni une pure conscience. Il est, comme Maurice MERLEAU-PONTY l'a montré, ambigu. Dans sa *Phénoménologie de la perception*, celui-ci écrit : « Il y a deux sens seulement du mot exister. On existe comme une chose et on existe comme une conscience. L'existence du corps propre, au contraire, nous révèle un mode d'existence ambigu. » Le corps, en effet, n'est pas seulement le corps d'autrui ; c'est, surtout, notre propre corps.

Lycée

Série Philosophie

Pour plus d'informations,
consultez le catalogue à l'adresse suivante :
http://www.gallimard.fr

Composition Bussière.
Impression Novoprint
à Barcelone, le 20 mai 2008.
Dépôt légal : mai 2008.
ISBN 978-2-07-035769-7./Imprimé en Espagne.

Composition Nord Compo.
Impression Novoprint
à Barcelone, le 2? mars 2005.
Dépôt légal : mars 2005.
Premier dépôt légal dans la collection : mai 2003.